弘教系列教材

教师基本技能测试大纲

主　编　郑大贵
编　委（按姓氏笔画为序）
　　　　马江山　叶　青　冯会明　李　波　杨建荣
　　　　何丰妍　张　灵　施枚峰　秦　霞　袁　平
　　　　徐　兵　徐永生　葛　新　赖声利

復旦大學出版社

"弘教系列教材"编委会

主　任　詹世友

副主任　李培生　徐惠平

委　员（按姓氏笔画排列）

　　　　　马江山　于秀君　王艾平　叶　青

　　　　　张志荣　李　波　杨建荣　杨赣太

　　　　　周茶仙　项建民　袁　平　徐国琴

　　　　　贾凌昌　盛世明　葛　新　赖声利

顾　问　刘子馨

目录

上饶师范学院关于师范生教师基本技能培训测试和成绩
登记的实施细则 …………………………………………………… 1

必修基本技能(五项)

- 01　普通话水平测试大纲 ……………………………………… 4
- 02　"三笔字"书写测试大纲 …………………………………… 9
- 03　简笔画测试大纲 …………………………………………… 14
- 04　现代教育技术测试大纲 …………………………………… 16
- 0501　教学设计测试大纲(数学与应用数学) ……………… 20
- 0502　教学设计测试大纲(计算机科学与技术) …………… 24
- 0503　教学设计测试大纲(物理学) ………………………… 28
- 0504　教学设计测试大纲(教育技术学) …………………… 31
- 0505　教学设计测试大纲(化学) …………………………… 35
- 0506　教学设计测试大纲(汉语言文学) …………………… 40
- 0507　教学设计测试大纲(思想政治教育) ………………… 44
- 0508　教学设计测试大纲(英语) …………………………… 50
- 0509　教学设计测试大纲(历史学) ………………………… 57
- 0510　教学设计测试大纲(地理科学) ……………………… 63
- 0511　教学设计测试大纲(体育教育) ……………………… 67

0512 教学设计测试大纲(美术学) …………………………… 70
0513 教学设计测试大纲(书法学) …………………………… 73
0514 教学设计测试大纲(音乐学) …………………………… 75
0515 教学设计测试大纲(舞蹈学) …………………………… 80
0516 教学设计测试大纲(心理学) …………………………… 85
0517 教学设计测试大纲(学前教育) ………………………… 88
0518 教学设计测试大纲(小学教育) ………………………… 92
0519 教学设计测试大纲(生物科学) ………………………… 95

选修基本技能(六选三)

0601 说课测试大纲(数学与应用数学) …………………… 101
0602 说课测试大纲(计算机科学与技术) ………………… 105
0603 说课测试大纲(物理学) ……………………………… 109
0604 说课测试大纲(教育技术学) ………………………… 113
0605 说课测试大纲(化学) ………………………………… 118
0606 说课测试大纲(汉语言文学) ………………………… 124
0607 说课测试大纲(思想政治教育) ……………………… 129
0608 说课测试大纲(英语) ………………………………… 133
0609 说课测试大纲(历史学) ……………………………… 139
0610 说课测试大纲(地理科学) …………………………… 144
0611 说课测试大纲(体育教育) …………………………… 148
0612 说课测试大纲(美术学) ……………………………… 153
0613 说课测试大纲(书法学) ……………………………… 160
0614 说课测试大纲(音乐学) ……………………………… 163
0615 说课测试大纲(舞蹈学) ……………………………… 166
0616 说课测试大纲(心理学) ……………………………… 169

0617	说课测试大纲(学前教育)	173
0618	说课测试大纲(小学教育)	177
0619	说课测试大纲(生物科学)	181
07	演讲考核大纲	187
08	班主任体验考核大纲	189
09	教学论文考核大纲	193
10	音乐舞蹈特长测试大纲	196
11	美术特长测试大纲	199

师范技能测试合格登记簿 …………………………… 202

上饶师范学院关于师范生教师基本技能培训测试和成绩登记的实施细则

(饶师院发〔2017〕3号,2017年3月2日)

为全面落实《上饶师范学院关于加强师范专业建设和改革的决定》(饶师院发〔2016〕6号),强化师范生的教师教育基本能力,实行教育实习资格准入制度,现就师范生教师基本技能培训测试和成绩登记工作,提出如下实施意见。

一、从2015级(专科2016级)开始,师范生在校期间必须通过八项技能测试,即五项必修基本技能:三笔字(钢笔字、粉笔字、毛笔字)、普通话、简笔画、现代教育技术、教学设计;三项选修基本技能:从说课、演讲、班主任工作、教学论文写作、音乐舞蹈特长展示、美术特长展示中选择三项。严格实习资格准入制度,未通过八项技能测试的师范生,不得参加教育实习。

二、普通话测试培训工作,由校普通话培训测试站根据江西省语言文字工作委员会的有关规定组织实施。师范生凭省语委核发的《普通话测试合格证书》,直接到教务处进行测试成绩登记。

三、根据技能特点,教务处委托二级学院按照如下要求承办相关技能培训测试工作。

1. 二级学院组织研制并适时修订完善技能培训大纲和测试大纲。培训和测试内容应充分考虑已修相关课程的学习基础,密切结合教育部印发的《幼儿园教师专业标准(试行)》《小学教师专业标准(试行)》《中学教师专业标准(试行)》,以及中小学教师具体学科岗位对相关技能的要求。测试大纲还应包括评分标准。培训大纲和测试大纲由教务处组织专家验收通过后,向学生发布。

2. 按照技能类别,组建测试专家库。每项技能测试专家库的专家不少于5人,其中,至少有1名以上优秀中小学(或幼儿园)教师或市(县区)教研室的教研员,同时,副高以上成员所占比例不低于60%。经教务处备案同意后的专家库成员,方可作为技能测试评委参与技能测试工作。

3. 技能培训测试每学期举行一次,一般安排在第8~13周。每位师范生在校期间,只能免费参加两次培训测试,从第三次开始,收取培训测试成本费。

4. 技能测试的成绩分优秀、良好、中等、合格和不合格,其中,同批次的不合格比例不低于30%(实行末尾淘汰制),优秀、良好、中等和合格的比例分别为20%、20%、20%和10%。技能测试评审组由三位评委组成。根据三位评委评定的成绩加和,由高分到低分按照上述比例确定同批次的成绩等级。同批次同项技能的测试,评委给不同考生评分的最大差值为20分。

5. 测试成绩经教务处审核后,由教务处发文公布合格以上的测试结果。

四、教务处统一设计印制《上饶师范学院教师基本技能测试合格登记簿》,师范生人手一册。教务处凭技能测试结果文件进行登记,每学期登记一次。第六学期结束后,各项测试成绩登记簿汇总到教务处,核实师范生八项技能通过情况,决定其是否有实习资格。

五、学校从教学经费中列出专项,用于师范技能培训测试和成绩登记工作。支出项目包括相关器材和耗材的购置、证书工本费、技能培训测试课时费等。教务处与计财处结合每项培训测试工作的性质和环节特点,核定生均标准,按照每项技能报名参加培训测试的人数,试行二级学院经费使用包干制。

六、本细则从发布之日起施行,由教务处负责解释。

01　普通话水平测试大纲

根据教育部、国家语言文字工作委员会发布的《普通话水平测试管理规定》《普通话水平测试等级标准》,制定本大纲。

一、测试的名称、性质、方式

本测试定名为"普通话水平测试"(PUTONGHUA SHUIPING CESHI,缩写为PSC)。

普通话水平测试测查应试人的普通话规范程度、熟练程度,认定其普通话水平等级,属于标准参照性考试。本大纲规定测试的内容、范围、题型及评分系统。

普通话水平测试以口试方式进行。

二、测试内容和范围

普通话水平测试的内容包括普通话语音、词汇和语法。

普通话水平测试的范围是国家测试机构编制的《普通话水平测试用普通话词语表》《普通话水平测试用普通话与方言词语对照表》《普通话水平测试用普通话与方言常见语法差异对照表》《普通话水平测试用朗读作品》《普通话水平测试用话题》。

三、普通话水平测试试卷构成与评分标准

(一) 读单音节字词(100 个音节,不含轻声、儿化音节),限时 3.5 分钟,共 10 分。

1. 目的

测查应试人声母、韵母、声调读音的标准程度。

2. 要求

(1) 100 个音节中,每个声母出现次数一般不少于 3 次,每个韵母出现次数一般不少于 2 次,4 个声调出现次数大致均衡。

(2) 音节的排列要避免同一测试要素连续出现。

3. 评分

(1) 语音错误,每个音节扣 0.1 分。

(2) 语音缺陷,每个音节扣 0.05 分。

(3) 超时 1 分钟以内,扣 0.5 分;超时 1 分钟以上(含 1 分钟),扣 1 分。

(二) 读多音节词语(100 个音节),限时 2.5 分钟,共 20 分。

1. 目的

测查应试人声母、韵母、声调和变调、轻声、儿化读音的标准程度。

2. 要求

(1) 声母、韵母、声调出现的次数与读单音节字词的要求相同。

(2) 上声与上声相连的词语不少于 3 个,上声与非上声相连的词语不少于 4 个,轻声不少于 3 个,儿化音不少于 4 个(应为不同的儿化韵母)。

(3) 词语的排列要避免同一测试要素连续出现。

3. 评分

(1) 语音错误,每个音节扣 0.2 分。

(2) 语音缺陷,每个音节扣 0.1 分。

(3) 超时 1 分钟以内,扣 0.5 分;超时 1 分钟以上(含 1 分钟),扣 1 分。

(三) 朗读短文(1 篇,400 个音节),限时 4 分钟,共 30 分。

1. 目的

测查应试人使用普通话朗读书面作品的水平。在测查声母、韵母、声调读音标准程度的同时,重点测查连读音变、停连、语调以及流畅程度。

2. 要求

(1) 短文从《普通话水平测试用朗读作品》中选取。

(2) 评分以朗读作品的前 400 个音节(不含标点符号和括注的音节)为限。

3. 评分

(1) 每错 1 个音节,扣 0.1 分;漏读或增读 1 个音节,扣 0.1 分。

(2) 声母或韵母的系统性语音缺陷,视程度扣 0.5 分、1 分。

(3) 语调偏误,视程度扣 0.5 分、1 分、2 分。

(4) 停连不当,视程度扣 0.5 分、1 分、2 分。

(5) 朗读不流畅(包括回读),视程度扣 0.5 分、1 分、2 分。

(6) 超时扣 1 分。

(四) 命题说话,限时 3 分钟,共 40 分。

1. 目的

测查应试人在无文字凭借的情况下说普通话的水平,重点测查语音标准程度、词汇语法规范程度和自然流畅程度。

2. 要求

(1) 说话话题从《普通话水平测试用话题》中选取,由应试人从给定的 2 个话题中选定 1 个话题,连续说一段话。

(2) 应试人单向说话。如发现应试人有明显背稿、离题、说话难以继续等表现时,主试人应及时提示或引导。

3. 评分

(1) 语音标准程度,共 25 分。分 6 档:

一档:语音标准,或极少有失误。扣 0 分、1 分、2 分。

二档:语音错误在 10 次以下,有方音但不明显。扣 3 分、4 分。

三档:语音错误在 10 次以下,但方音比较明显;或语音错误在 10~15 次之间,有方音但不明显。扣 5 分、6 分。

四档:语音错误在 10~15 次之间,方音比较明显。扣 7 分、8 分。

五档:语音错误超过 15 次,方音明显。扣 9 分、10 分、11 分。

六档:语音错误多,方音重。扣 12 分、13 分、14 分。

(2) 词汇语法规范程度,共 10 分。分 3 档:

一档:词汇、语法规范。扣 0 分。

二档:词汇、语法偶有不规范的情况。扣 0.5 分、1 分。

三档:词汇、语法屡有不规范的情况。扣 2 分、3 分。

(3) 自然流畅程度,共 5 分。分 3 档:

一档:语言自然流畅。扣 0 分。

二档:语言基本流畅,口语化较差,有背稿子的表现。扣 0.5 分、1 分。

三档:语言不连贯,语调生硬。扣 2 分、3 分。

说话不足 3 分钟,酌情扣分:缺时 1 分钟以内(含 1 分钟),扣

1分、2分、3分;缺时1分钟以上,扣4分、5分、6分;说话不满30秒(含30秒),本测试项成绩计为0分。

四、应试人普通话水平等级的确定

国家语言文字工作部门发布的《普通话水平测试等级标准》是确定应试人普通话水平等级的依据。测试机构根据应试人的测试成绩确定其普通话水平等级,由省、自治区、直辖市以上语言文字工作部门颁发相应的普通话水平测试等级证书。

普通话水平划分为三个级别,每个级别内划分两个等次。其中:

97分及其以上,为一级甲等;

92分及其以上但不足97分,为一级乙等;

87分及其以上但不足92分,为二级甲等;

80分及其以上但不足87分,为二级乙等;

70分及其以上但不足80分,为三级甲等;

60分及其以上但不足70分,为三级乙等。

(国家语言文字工作委员会编制)

02 "三笔字"书写测试大纲

根据教育部、国家语言文字工作委员会《关于进一步加强学校普及普通话和用字规范化工作的通知》及《上饶师范学院关于组织编制师范生教师基本技能培训测试大纲》等文件精神,制定本大纲。

"三笔字"指钢笔字、粉笔字、毛笔字。

"三笔字"测试,旨在测查应试人"三笔字"书写规范程度、熟练程度,使学生能正确掌握和使用规范汉字的字形、结构、笔顺,初步懂得书法理论,较熟练地掌握毛笔字、钢笔字和粉笔字的书写技能,书写做到正确、端正、美观,具有一定的书写速度。

一、测试内容

主要参照《现代汉语常用字表》(3 500 字),结合古代经典诗词编制测试考卷。

二、测试试卷构成与评分标准

(一) 钢笔字

1. 测试形式

楷书、隶书或行书任选一种,可以参考平时训练的范本进行现场临摹或创作。自带书写工具,测试中心统一提供标准书写用纸。

2. 要求

(1) 熟练掌握钢笔字长横、短横、左尖横、右尖横基本用笔方法。

(2) 熟练掌握钢笔字悬针竖、垂露竖、短竖、长竖等竖画的用笔方法与区别。

(3) 熟练掌握钢笔字短撇、直撇、竖撇等撇画的用笔方法。

(4) 基本掌握钢笔字弧捺、平捺等捺画的用笔方法。

(5) 基本掌握钢笔字弧弯钩、戈钩、卧钩、竖弯钩、心字钩等钩画的用笔方法。

3. 评分标准

钢笔书法考卷分数满分为100分。具体分段标准如下:

(1) 字形精确,笔法交待清楚,章法处理得当,硬笔线条控制力强,能准确生动反映硬笔书法的气韵神态(90~100分)。

(2) 字形准确,笔法交待清楚,章法处理比较得当,硬笔线条控制力较强,能比较准确反映硬笔书法的气韵神态(80~89分)。

(3) 字形比较准确,笔法相对正确,章法处理比较得当,具备一定的线条表现力,但对硬笔书法的气韵神态把握相对较差(70~79分)。

(4) 字形偏差,章法处理不够妥当,对硬笔书法的线条表现力较差,但是笔法相对正确(69分以下)。

(二) 粉笔字

1. 测试形式

楷书、隶书或行书任选一种,可以参考平时训练的范本进行现场临摹或创作。自带书写工具,测试中心统一提供标准书写黑板。

2. 要求

(1) 熟练掌握粉笔字长横、短横、左尖横、右尖横基本用笔方法。

(2) 熟练掌握粉笔字悬针竖、垂露竖、短竖、长竖等竖画的用笔方法与区别。

(3) 熟练掌握粉笔字短撇、直撇、竖撇等撇画的用笔方法。

(4) 基本掌握粉笔字弧捺、平捺等捺画的用笔方法。

(5) 基本掌握粉笔字弧弯钩、戈钩、卧钩、竖弯钩、心字钩等钩画的用笔方法。

3. 评分标准

粉笔书法考卷分数满分为 100 分。具体分段标准如下：

(1) 字形精确，笔法交待清楚，章法处理得当，对粉笔字的线条控制力强，能准确生动反映粉笔书法的气韵神态(90～100 分)。

(2) 字形准确，笔法交待清楚，章法处理比较得当，对粉笔字的线条控制力较强，能比较准确反映粉笔书法的气韵神态(80～89 分)。

(3) 字形比较准确，笔法相对正确，章法处理比较得当，具备一定的线条表现力，但对粉笔书法的气韵神态把握相对较差(70～79 分)。

(4) 字形偏差，章法处理不够妥当，对粉笔字的线条表现力较差，但是笔法相对正确(69 分以下)。

(三) 毛笔字

1. 测试形式

楷书、隶书或行书任选一种，可以参考平时训练的范本进行现场临摹。自带字帖和毛笔、墨水、砚台及毛毡等工具，测试中心统一提供标准书写用纸。

2. 要求

(1) 熟练掌握毛笔字长横、短横、左尖横、右尖横基本用笔方法。

(2) 熟练掌握毛笔字悬针竖、垂露竖、短竖、长竖等竖画的用笔方法与区别。

(3) 熟练掌握毛笔字短撇、直撇、竖撇等撇画的书写方法。

(4) 基本掌握毛笔字弧捺、平捺等捺画的用笔方法。

(5) 基本掌握毛笔字弧弯钩、戈钩、卧钩、竖弯钩、心字钩等钩画用笔方法。

3. 评分标准

毛笔书法考卷分数满分为100分。具体分段标准如下：

(1) 字形精确，笔法交待清楚，章法处理得当，笔墨线条控制力强，能准确生动反映原帖气韵神态(90~100分)。

(2) 字形准确，笔法交待清楚，章法处理比较得当，笔墨线条控制力较强，能比较准确反映原帖气韵神态(80~89分)。

(3) 字形比较准确，笔法相对正确，章法处理比较得当，具备一定的笔墨表现力，但对原帖气韵神态把握相对较差(70~79分)。

(4) 字形与原帖有偏差，章法处理不够妥当，笔墨表现力较差，但是笔法相对正确(69分以下)。

三、成绩评定

"三笔字"(钢笔字、粉笔字、毛笔字)水平测试总计有三张试卷，每张试卷满分为100分，总分为300分。最终成绩为三张试卷平均分。

依据上述评分标准，根据《上饶师范学院关于师范生教师基本技能培训测试和成绩登记的实施细则》有关规定，三笔字书写测试的成绩最终分优秀、良好、中等、合格和不合格，其中，同批次的不合格比例不低于30%(实行末尾淘汰制)，优秀、良好、中等和合格的比例分别为20%、20%、20%和10%。技能测试评审组由三位评委组成。根据三位评委评定的成绩加和,由高分到低分按照上述比例确定同批次的成绩等级。

(美术与设计学院编制)

03　简笔画测试大纲

本大纲规定简笔画测试的内容、评价要素及评分标准,以笔试方式进行。

一、测试内容

1. 静物——生活用品、学习用品、陈设用品、家电用品、蔬果等。
2. 风景——山川、树木、屋宇、桥梁、亭台楼榭等。
3. 交通工具——飞机、轮船、火车、汽车、摩托车、电动车、自行车、三轮车等。
4. 人物——不同年龄、不同性别、不同职业、不同国籍的人。

二、评价要素

评价测试对象对物象形态和造型特征的概括能力;简化物象的技巧;根据积累、记忆能在短时间内描绘物象形体的能力;利用线条、明暗等绘画因素默写物象的能力。要求画面形态完整,构图合理,线条流畅,简练概括,具有绘画表现力。

三、评分标准

1. 简略:形象概括、删繁就简,简约而不简单(20 分)

评分:优秀 19~20 分,良好 17~18 分,中等 15~16 分,合格

13～14分,不合格12分及以下。

2. 提炼：减少繁琐的细节,突出大体特征(20分)

评分：优秀19～20分,良好17～18分,中等15～16分,合格13～14分,不合格12分及以下。

3. 夸张：有意识地把形象夸大或缩小,符合简笔画的风格特征(20分)

评分：优秀19～20分,良好17～18分,中等15～16分,合格13～14分,不合格12分及以下。

4. 表现力：能运用正视图、俯视图、侧视图、仰视图,从多角度进行描绘(20分)

评分：优秀19～20分,良好17～18分,中等15～16分,合格13～14分,不合格12分及以下。

5. 线条流畅：适当使用明暗,线条流畅,生动准确(20分)

评分：优秀19～20分,良好16～17分,中等15～16分,合格13～14分,不合格12分及以下。

四、成绩评定

依据上述评分标准,根据《上饶师范学院关于师范生教师基本技能培训测试和成绩登记的实施细则》,简笔画技能测试的成绩分优秀、良好、中等、合格和不合格,其中,同批次的不合格比例不低于30%(实行末尾淘汰制),优秀、良好、中等和合格的比例分别为20%、20%、20%和10%。技能测试评审组由三位评委组成。根据三位评委评定的成绩加和,由高分到低分按照上述比例确定同批次的成绩等级。

(美术与设计学院编制)

04　现代教育技术测试大纲

为提高我校师范生现代教育技术水平,促进教师教育专业发展,依据教育部《中小学教师教育技术能力标准》《小学教师专业标准(试行)》《中学教师专业标准(试行)》,制定本大纲。

现代教育技术应用能力的测试,旨在测查应试人应用现代教育技术进行教学过程设计、创建多媒体教学资源,并对多媒体教学资源进行管理的熟练和规范程度。本大纲规定测试范围、内容、题型及评分标准。

本测试以上机答题和命题制作多媒体课件的方式进行。

一、测试范围和内容

现代教育技术应用能力测试范围是教育部编制的《中小学教师教育技术能力标准》所设定的中小学教师应具备的现代教育技术能力。

现代教育技术应用能力测试的内容包括现代教育技术的基本知识、基本能力和应用创新能力三个方面。其中,基本知识包括视听教学理论、现代教学理论、教育传播理论及多媒体应用等理论;基本能力包括多媒体教学资源中视音频素材的采集与处理能力,相关应用软件的操作熟练程度等;应用创新能力包括综合应用各种知识进行多媒体课件制作的能力。

二、测试试卷构成与评分标准

（一）基本知识（限时 30 分钟，共 30 分）

1. 目的

测查应试人对现代教育技术基础理论理解掌握的水平，培养学生主动应用现代教育技术进行教学活动的思想。

2. 要求

(1) 采用客观题，包括填空题、选择题和判断题，共 30 个。

(2) 内容覆盖吴波、官敏等主编《现代教育技术教程》第 1 章至第 7 章所包含的知识点。

(3) 主要以专业知识关键词概念、基础理论中容易混淆的概念等为测试的重点。

3. 评分标准

(1) 填空题、选择题和判断题三种类型的题目每类 10 个，每题 1 分。

(2) 填空题主要填写基础理论中重要的关键词，选择题考评容易混淆的关键词，判断题主要测评应试人是否能区分在基础理论方面容易混淆的概念。

（二）基本能力（限时 30 分钟，共 30 分）

1. 目的

测查应试人对教学资源的搜寻、采集、处理及其常用工具的掌握程度。

2. 要求

(1) 包括文献检索、超文本编辑、数据统计、图像采集与处理、视频采集与处理、音频采集与处理。

(2) 文献检索类工具有：百度、谷歌、有道、知网、万方数据等。

(3) 常用多媒体素材处理软件的基本操作与应用。

① 基本技能包括：2010 版 Excel 做数据统计与分析的主要功能与应用；Powerpoint 的动态链接功能与动画播出效果。

② 图像处理软件包括：Windows 中的画笔功能、美图秀秀、光影魔术手、ACDSee、Adobe Photoshop、Adobe Illustrator、CorelDRAW 矢量图创作软件等图像处理软件的基本功能特点与基本操作。

③ 声音处理软件包括：Adobe Audition、CoolEdit Pro、Samplitude 等声音处理软件的基本功能特点与基本操作。

④ 视频处理软件包括：会声会影、Adobe Premiere Pro、Vegas Movie Studio、Canopus EDIUS 等视频处理软件的基本功能特点与基本操作。

3. 评分标准

(1) 至少知道每类处理软件中一个具有代表性的软件的功能与使用方法，每类应用工具软件至少考核 1 至 3 题。

(2) 本单元 15 题，每题 2 分，简述式或简答式。

(3) 要求写出功能作用、操作方法、快捷键等。

(三) 应用与创新(限时 60 分钟，共 40 分)

1. 目的

测查应试人应用多媒体软件进行课件素材处理，进行主题课件设计与制作的综合能力。

2. 要求

(1) 对多媒体课件有关的声音、图像、视频素材进行处理。

(2) 制作一个综合多媒体课件。

(3) 内容包含超文本、超链接。

(4) 内含声音、图像、视频素材、动画及动态特效。

3. 评分标准

(1) 声音、图像(图表)、视频素材、动画(字幕)及动态特效,每出现 1 种媒体得 2 分(共 10 分)。

(2) 超文本、超链接使用正确(5 分)。

(3) 课件设计总体完整(共 20 分),有课程导入(5 分)、课程小结(5 分),有练习或课外思考题(5 分),中间环节设计合理流畅(5 分)。

(4) 课件设计总体色彩使用合理,符合学科特点,所有颜色和谐统一(5 分)。

三、成绩评定

依据上述评分标准,根据《上饶师范学院关于师范生教师基本技能培训测试和成绩登记的实施细则》,现代教育技术技能测试的成绩分优秀、良好、中等、合格和不合格,其中,同批次的不合格比例不低于 30%(实行末尾淘汰制),优秀、良好、中等和合格的比例分别为 20%、20%、20% 和 10%。技能测试评审组由三位评委组成。根据三位评委评定的成绩加和,由高分到低分按照上述比例确定同批次的成绩等级。

(物理与电子信息学院编制)

0501　教学设计测试大纲(数学与应用数学)

开展数学与应用数学专业师范生教学设计测试,旨在促使师范生了解我国中学数学课程改革的理念、基础教育现实、教学要求、课程目标等发生的深刻变化,加强教师教育理论学习,提升教学设计技能,培养师范生扎实的教师基本功。根据《上饶师范学院关于师范生教师基本技能培训测试和成绩登记的实施细则》,要求数学与应用数学专业师范生在校期间参与教学设计测试。

一、测试内容与要求

1. 教材分析设计。了解教学内容在教材中的地位和作用;掌握本节教学内容之间内在的联系,以及与前后知识点的联系。

2. 学情分析设计。了解所教班级学生的具体情况;掌握学生的学习水平、学习习惯和学习能力。

3. 教学目标设计。教学目标应包含知识和能力、过程和方法、情感态度和价值观等方面内容;应明确、详细、具有可操作性;应符合学科特点、课标要求和学生的实际情况;应体现对学生知识、能力、思想与创造思维等方面的发展要求。

4. 教学内容设计。了解教学内容前后知识点之间的关系、地位、作用；掌握教学内容的重点、难点。

5. 教学手段设计。熟悉直尺、三角板、圆规等教学道具的使用；掌握多媒体课件在中学数学课程教学的运用；教学辅助手段准备与使用说明清晰，教具及现代化教学手段运用恰当。

6. 教学过程、环节设计。教学过程主线描述清晰，具有较强的系统性和逻辑性；教学环节层次与结构合理，过渡自然，步骤清晰，便于操作；难点描述清楚，把握准确，能够化难为易，以简代繁，处理恰当；重点突出，点面结合，深浅适度；能够理论联系实际，注重教学互动，启发学生思考，培养学生分析问题、解决问题的能力；有一定创新性，有助于自主学习、合作学习或探究学习，有助于师生有效互动。

7. 教学方法设计。教学方法描述清晰，选用适当；符合教学对象的要求，有利于教学内容的完成、教学重点的突出和教学难点的解决。

8. 板书设计。教学板书结构完整、布局合理、格式美观整齐；文字、符号、单位和公式符合国家标准规范；语言清晰、简洁、明了；字体运用恰当，图表、图像、图形等运用恰当。

9. 课后延伸设计。有完整的课堂教学小结；辅导与答疑设置合理，符合学生学习状况；练习、作业、讨论安排符合教学目标，能够强化学生反思能力，加深学生对课业的理解，提高学生分析问题、解决问题的能力。

二、测试实施

师范生本人在第 4～6 学期提出申请，经数学与计算机科学学院审定同意后，由学院组织数学与应用数学专业师范生教学设计评委库专家，在现行中学数学学科（必修）教材中随机指定 1 课时教学内容,测试学生按指定教学内容现场设计,在 3 小时内完成,并提交教学设计成果(纸质版或电子版)和相关材料,供测试成绩评定用。

三、测试评分标准

测试内容	评 分 标 准	权重
教材分析设计	教学内容在教材中的地位和作用;本节教学内容之间内在的相互联系,与前后知识点的联系。	5分
学情分析设计	正确描述学生学习水平、学习习惯和学习能力。	5分
教学目标设计	教学目标明确、详细,可操作性强,符合学科特点,符合课标要求,符合学生特点及实际情况;体现对学生知识、能力、思想与创造思维等方面的发展要求。	10分
教学内容设计	教学内容前后知识点之间的关系、地位、作用描述准确;重点、难点分析清楚。	10分
教学手段设计	熟悉直尺、三角板、圆规等教学道具的使用;教具及现代化教学手段运用恰当。	10分
教学过程、环节设计	教学主线描述清晰,教学内容符合课程标准要求,具有较强的系统性和逻辑性;层次与结构合理,过渡自然,步骤清晰,能理论联系实际,注重教学互动,启发学生思考;有一定创新性,有助于自主学习、合作学习或探究学习,有助于师生有效互动;重点突出,点面结合,深浅适度;难点把握准确,能够化难为易,以简代繁,处理恰当。	30分
教学方法设计	教学方法描述清晰,选用恰当;符合教学对象的要求,有利于教学内容的完成,有利于教学难点的解决,有利于教学重点的突出。	10分
课后延伸设计	有完整的课堂教学小结;辅导与答疑设置合理,符合学生学习状况;练习、作业、讨论安排符合教学目标,能够强化学生反思能力。	10分

(续表)

测试内容	评 分 标 准	权重
板书设计	结构完整,布局合理,格式美观整齐;文字、符号、单位和公式符合国家标准规范;语言清晰、简洁、明了,字体运用恰当,图表、图像、图形等运用恰当。	10分

四、成绩评定

依据上述评分标准,根据《上饶师范学院关于师范生教师基本技能培训测试和成绩登记的实施细则》有关规定,数学专业师范生教学设计测试的成绩分优秀、良好、中等、合格和不合格,其中,同批次的不合格比例不低于30%(实行末尾淘汰制),优秀、良好、中等和合格的比例分别为20%、20%、20%和10%。技能测试评审组由三位评委组成。根据三位评委评定的成绩加和,由高分到低分按照上述比例确定同批次的成绩等级。

(数学与计算机科学学院编制)

0502　教学设计测试大纲（计算机科学与技术）

开展计算机科学与技术专业师范生教学设计测试，旨在促使师范生了解我国中学信息技术课程改革的理念、基础教育现实、教学要求、课程目标等发生的深刻变化，加强教师教育理论学习，提升教学设计技能，培养师范生扎实的教师基本功。根据《上饶师范学院关于师范生教师基本技能培训测试和成绩登记的实施细则》，要求计算机科学与技术专业师范生在校期间参加教学设计测试。

一、测试内容与要求

1. 教材分析设计。了解教学内容在教材中的地位和作用；掌握本节教学内容之间内在的联系，以及与前后知识点的联系。

2. 学情分析设计。了解所教班级学生的具体情况；掌握学生的学习水平、学习习惯和学习能力。

3. 教学目标设计。教学目标应包含知识和能力、过程和方法、情感态度和价值观等方面的内容；应明确、详细、可操作性强；应符合学科特点、课标要求和学生的实际情况；应体现对学生知识、能力、思想与创造思维等方面的发展要求。

4. 教学内容设计。了解教学内容前后知识点之间的关系、地位、作用；掌握教学内容的重点、难点。

5. 教学手段设计。熟悉多媒体课件在中学信息技术课程教学中的运用;教学辅助手段准备与使用说明清晰,教具及现代化教学手段运用恰当;体现信息技术课程的教学特点。

6. 教学过程、环节设计。教学过程主线描述清晰,具有较强的系统性和逻辑性;教学环节层次与结构合理,过渡自然,步骤清晰,便于操作;难点描述清楚,把握准确,能够化难为易,以简代繁,处理恰当;重点突出,点面结合,深浅适度;能够理论联系实际,注重教学互动,启发学生思考,培养学生分析问题、解决问题的能力;有一定创新性,有助于自主学习、合作学习或探究学习,有助于师生有效互动。

7. 教学方法设计。教学方法描述清晰,选用适当;符合教学对象的要求,有利于教学内容的完成、教学重点的突出和教学难点的解决。

8. 板书设计。教学板书结构完整、布局合理、格式美观整齐;文字、符号、单位和公式符合国家标准规范;语言清晰、简洁、明了,字体运用恰当,图表、图像、图形等运用恰当。

9. 课后延伸设计。有完整的课堂教学小结;辅导与答疑设置合理,符合学生学习状况;练习、作业、讨论安排符合教学目标,能够强化学生反思能力,加深学生对课业的理解,提高学生分析问题、解决问题的能力。

二、测试实施

师范生本人在第4~6学期提出申请,经数学与计算机科学学院审定同意后,由学院组织计算机科学与技术专业师范生教学设计评委库专家,在现行中学信息技术基础教材中随机指定1课时教学内容,测试学生按指定教学内容现场设计,在3小时内完成,并提交教学设计成果(纸质版或电子版)和相关材料,供测试成绩评定用。

三、测试评分标准

测试内容	评 分 标 准	权重
教材分析设计	教学内容在教材中的地位和作用;本节教学内容之间内在的相互联系,与前后知识点的联系。	5分
学情分析设计	正确描述学生学习水平、学习习惯和学习能力。	5分
教学目标设计	教学目标明确、详细,可操作性强,符合学科特点,符合课标要求,符合学生特点及实际情况;体现对学生知识、能力、思想与创造思维等方面的发展要求。	10分
教学内容设计	教学内容前后知识点之间的关系、地位、作用描述准确;重点、难点分析清楚。	10分
教学手段设计	熟悉多媒体课件在中学信息技术课程教学的运用;教具及现代化教学手段运用恰当,体现信息技术的教学特点。	10分
教学过程、环节设计	教学主线描述清晰,教学内容符合课程标准要求,具有较强的系统性和逻辑性;层次与结构合理,过渡自然,步骤清晰;能够理论联系实际,注重教学互动,启发学生思考;有一定创新性,有助于自主学习、合作学习或探究学习,有助于师生有效互动;重点突出,点面结合,深浅适度;难点把握准确,能够化难为易,以简代繁,处理恰当。	30分
教学方法设计	教学方法描述清晰,选用恰当;符合教学对象的要求,有利于教学内容的完成,有利于教学难点的解决,有利于教学重点的突出。	10分
课后延伸设计	有完整的课堂教学小结;辅导与答疑设置合理,符合学生学习状况;练习、作业、讨论安排符合教学目标,能够强化学生反思能力。	10分

(续表)

测试内容	评分标准	权重
板书设计	结构完整,布局合理,格式美观整齐;文字、符号、单位和公式符合国家标准规范;语言清晰、简洁、明了,字体运用恰当,图表、图像、图形等运用恰当。	10分

四、成绩评定

依据上述评分标准,根据《上饶师范学院关于师范生教师基本技能培训测试和成绩登记的实施细则》有关规定,计算机科学与技术专业师范生教学设计测试的成绩分优秀、良好、中等、合格和不合格,其中,同批次的不合格比例不低于30%(实行末尾淘汰制),优秀、良好、中等和合格的比例分别为20%、20%、20%和10%。技能测试评审组由三位评委组成。根据三位评委评定的成绩加和,由高分到低分按照上述比例确定同批次的成绩等级。

(数学与计算机科学学院编制)

0503　教学设计测试大纲(物理学)

一、测试依据和方式

本测试依据物理学科教育教学理论、课程标准、中学物理教学大纲、教学内容、教学要求、教学方法和教学实验,以及要达到的近期、远期目标,考察物理学专业师范生掌握相关内容的程度。以书面形式在规定时间内写出设计好的纸质文档,测试小组再进行面试答辩。考察学生对中学物理课程的熟悉程度,以及把物理知识、物理研究方法传授给学生的基本技能。

文档测试方式:提前一周将5~8个拟定的教学单元向学生公开,测试前抽签确定教学单元,应试者在1小时内完成该教学单元的文档设计。文档测试结束后,对每位测试者进行3~8分钟的面试答辩。最终成绩由文档成绩和面试答辩成绩构成。

二、测试内容与评分标准

1. 文档部分

指　标	评　价　内　容	权重
教学目标	根据中学物理教学大纲的要求,结合学校和学生的实际情况,制定切实有效的教学目标,教学目标有可测性,有梯度,层次性强。	5分

(续表)

指标	评价内容	权重
学情分析	能从学习者已有的知识基础、认知结构、认知能力、学习态度、学习动机等方面进行分析,找出课程的重点、难点。	5分
教学内容	根据课标学段目标,确定单元教学地位作用,整体分析单元教材,提炼单元知识点。教学内容安排合理恰当,条理清楚,层次分明,能突出重点,分散难点。	15分
教学方法策略设计	遵循学习者的认知规律,根据物理学课程特点,能运用观察实验方法、现代化教学手段,采取以学为主的教学,充分体现教师的主导作用和学生的主体地位,有利于学生分析问题和解决问题的能力及创造力的培养,有利于学生科学思维习惯的养成。	15分
教学过程设计	教学活动围绕教学目标,突出重点,突破难点,复习、导入、新授、总结、作业环环相扣,讲、练时间分配合理,对实验设备器材以及教学媒体的选择恰当,使用时要适时、适当、适量、恰到好处,各教学环节的衔接要自然。	20分
板书设计	字迹工整,板书(图、画)规范、准确,版面合理。	10分

2. 面试部分

指标	评价内容	权重
仪态	仪表端庄大方,仪态自然。	5分
语言	语言准确流畅,声音洪亮,符合学科的特点。	5分
答题情况	回答问题准确,条理清晰,层次分明,逻辑性强。正确反映设计中的内容和设计思想。如有板书,书写整洁清晰,合理规范。	20分

三、成绩评定

依据上述评分标准,根据《上饶师范学院关于师范生教师基本技能培训测试和成绩登记的实施细则》有关规定,物理学专业师范生教学设计测试的成绩分优秀、良好、中等、合格和不合格,其中,同批次的不合格比例不低于30%(实行末尾淘汰制),优秀、良好、中等和合格的比例分别为20%、20%、20%和10%。技能测试评审组由三位评委组成。根据三位评委评定的成绩加和,由高分到低分按照上述比例确定同批次的成绩等级。

(物理与电子信息学院编制)

0504　教学设计测试大纲（教育技术学）

教学设计是师范生教学技能训练的重要内容。教学设计是解决如何教以及怎么教的问题，以实现教学效果的最优化。

一、测试内容与要求

1. 教材分析。了解教学内容在教材中的地位和作用；掌握课程教学内容之间的内在联系，以及前后知识点的联系；把握课程的重点和难点。

2. 学情分析。了解授课班级学生的具体情况；掌握学生的知识能力基础、学习策略、学习风格和学习动机。

3. 三维教学目标的设计。注重课堂教学三维目标（知识与能力、过程与方法、情感态度与价值观）的有机统一。教学目标应包括 ABCD 四要素（学习者、行为、条件、程度）；应有可操作性；要符合信息技术学科的特点，适应学生全面发展的要求。

4. 以"学"为主的教学策略的设计。倡导自主、探究、合作的课堂学习方式，关注学生主动参与性学习、协作学习、基于网络的探究性学习、抛锚式教学策略和随机进入式教学等以"学"为主的教学策略。

5. 教学过程的设计。教学过程描述清晰，具有较强的逻辑性和系统性；教学环节层次结构合理，过渡自然，步骤清晰，便于操作；能把握教学内容的重难点，有助于形成自主、探究、合作的课堂学习氛围；精心设计的导入很重要，应能激发学生兴趣，保持其求知欲望。

6. 教学活动的设计。组织学生针对教学内容开展有效的教学活动，配置合理、有密度、能够引导学生智力潜能开发的课堂练习。

7. 板书的设计。板书结构应完整、布局合理、格式美观整齐。

8. 教学评价的设计。学习完本课内容后，通过多元评价（自评、互评、师评）关注学生的整个学习过程。

二、测试实施

师范生本人在第 4~6 学期提出教学设计测试申请，经物理与电子信息学院审定同意后，由学院组织教育技术学专业师范生教学设计评委库的专家，在现行中学信息技术教材中随机指定 1 课时教学设计内容，测试学生需在现场进行设计，在 3 小时内完成，并提交教学设计成果（电子版或纸质版），供测试成绩评定用。

三、测试评分标准

测试内容	评 分 标 准	权重
教材分析	了解教学内容在教材中的地位和作用；掌握本课教学内容之间内在的联系，以及前后知识点的联系；把握本课的重难点。	10 分
学情分析	正确描述授课班级学生的具体情况；掌握学生的知识能力基础、学习策略、学习风格和学习动机。	10 分

(续表)

测试内容	评分标准	权重
三维教学目标的设计	注重课堂教学三维目标(知识与能力、过程与方法、情感态度与价值观)的有机统一。教学目标应包括ABCD四要素(学习者、行为、条件、程度);应注意可操作性强;要符合信息技术学科的特点;要面对学生全面发展的要求。	15分
教学策略的设计	倡导自主、探究、合作的课堂学习方式,关注学生主动参与性学习、协作学习、基于网络的探究性学习、抛锚式教学策略和随机进入式教学等以"学"为主的教学策略。	15分
教学过程的设计	教学过程描述清晰,具有较强的逻辑性和系统性;教学环节层次结构合理,过渡自然,步骤清晰,便于操作;能把握教学内容的重难点,有助于形成自主、探究、合作的课堂学习氛围;精心设计的导入很重要,应能激发学生兴趣,保持其求知欲望。	20分
教学活动的设计	组织学生针对教学内容开展有效的教学活动,配置合理、有密度、能够引导学生智力潜能开发的课堂练习。	10分
板书设计	板书结构应完整、布局合理、格式美观整齐。	10分
教学评价的设计	学习完本课内容后,通过多元评价(自评、互评、师评)关注学生的整个学习过程。	10分
总分		100分

四、成绩评定

依据上述评分标准,根据《上饶师范学院关于师范生教师基本技能培训测试和成绩登记的实施细则》有关规定,教育技术学专业师范生教学设计测试的成绩分优秀、良好、中等、合格和不合格,其中,同批次的不合格比例不低于30%(实行末尾淘汰制),优秀、良好、中等和合格的比例分别为 20%、20%、20%和 10%。技能测试评审组由三位评委组成。根据三位评委评定的成绩加和，由高分到低分按照上述比例确定同批次的成绩等级。

（物理与电子信息学院编制）

0505　教学设计测试大纲(化学)

化学教学设计测试,测查应试人员对中学化学教案的设计能力,教学技能的运用能力,以便认定其化学教学设计水平等级,属于标准性参照性考试。本大纲规定测试内容、范围及评分系统如下。

一、测试内容与权重

一级指标	二级指标	三级指标	权重
教案设计 (30分)	教学目标	1. 全面(含三维目标),符合课程标准的要求。 2. 目标明确具体、恰当,可操作性强。	6分
	重难点	3. 重难点把握准确(突出重点,突破难点,抓住关键点)。	5分
	教学方法	4. 教学方法选择恰当(结合教学资源特点及学生、教师实际,教学方法多样,一法为主,多法配合,优化组合)。	4分
	教学程序设计	5. 教学思路清晰,教学重点突出,教学环节设计合理。	13分
	板书设计	6. 紧扣教学内容,突出重点,主次分明,言简意赅,有艺术性。	2分

(续表)

一级指标	二级指标	三级指标	权重
教师教学 (40分)	环节	7. 教师导课是否自然、新颖独特。 8. 教师能否清楚讲解各部分内容及其联系。 9. 教师能否很好地归纳本节课内容。 10. 体现知识、技能形成过程,突出科学探究能力培养。	16分
	呈示	11. 语言是否形象、生动、精练、逻辑性强。 12. 教师是否做好铺垫,使讲解自然、流畅。 13. 讲解、理答方式是否恰当。 14. 实验演示教学方法得当,实验现象明显。	11分
	指导	15. 教师是否强调重难点,引起注意。 16. 如何掌握学生学习情况:(1) 训练习题;(2) 提问;(3) 其他。 17. 怎样对待学生的错误:(1) 及时纠正;(2) 不管;(3) 延时纠正。	8分
	机智	18. 教师能否及时处理突发事件。 19. 教师是否有非语言行为(表情、移动、体态语)。	5分
学生学习 (10分)	互动	20. 学生是否积极回答教师的提问。 21. 学生能否主动参与讨论。	5分
	效果	22. 学生是否理解各部分知识。	5分
教师基本 (20分)	教态	23. 教态自然,亲和力强,仪容端庄大方。	2分
	语言	24. 语言准确流畅,声音洪亮。 25. 语言符合学科特点。	7分
	操作	26. 实验操作熟练规范,教学工具运用娴熟。	6分
	板书	27. 板书书写整洁清晰,合理规范,有艺术性。	5分

二、评分标准

(一) 教案的设计(30分)

1. 目的

测查应试人员对教学目标、教学重难点、教材的知识点及知识体系是否分析到位,检验应试人员的教学思路、设计能力等。

2. 要求

应试人员要熟悉中学化学课程标准、教材的知识脉络。

3. 评分标准

(1) 教学三维目标明确,重点突出,难点分析正确,教学方法选择恰当,教学思路清晰,教学环节设计合理,板书设计合理美观(21~30分)。

(2) 教学三维目标基本正确,能抓住重点,能分析难点,教学方法恰当,教学思路正确,教学环节设计可行,板书设计能写出教学内容(12~20分)。

(3) 教学三维目标不恰当,抓不住重点,不能分析难点,教学方法不正确,教学思路不够明确,教学环节设计不够合理,板书设计不能反映教学内容(0~11分)。

(二) 教师教学(40分)

1. 目的

测查应试人员的教学实施技能。

2. 要求

应试人员要有较熟练的教学技能。

3. 评分标准

(1) 新课导入新颖正确,新课内容讲解清晰、语言流畅生动、逻辑性强,符合知识的逻辑关系和学生的认识特点,突出了重点,突破了难点,结课处理合理,设计了合理正确的科学探究和练习,实验演示成功,实验现象鲜明,教学中能灵活运用教学技巧,课堂气氛活跃(30～40分)。

(2)有新课导入环节,新课内容讲解正确、有一定的逻辑性,基本符合知识的逻辑关系和学生的认识特点,能抓住重点,解释了难点,设计了科学探究和练习,实验演示基本成功,实验现象可见,能运用教学技巧,有师生互动(18～29分)。

(3)新课导入方式陈旧,新课内容没有错误但逻辑性不强,不符合知识的逻辑关系和学生的认识特点,没有抓住重点,没有突破难点,设计的科学探究和练习不合理,不能灵活运用教学技巧,可能导致课堂气氛沉闷(0～17分)。

(三)学生活动(10分)

1. 目的

测查应试人员的双边活动开展能力。

2. 要求

应试人员要注意调动课堂教学气氛。

3. 评分

(1)在互动方面,教师能调动学生的学习兴趣,学生积极回答问题;在效果方面,学生理解并掌握了所学的知识内容,教学效果好(6～10分)。

(2)在互动方面,教师不能调动学生的学习兴趣,没有或很少有学生回答问题;在效果方面,学生难以理解、难以掌握所学的知识内容,教学效果不好(0～5分)。

(四)教学基本功(20分)

1. 目的

测查应试人员的教学基本功。

2. 要求

应试人员具备一个合格教师应有的教学基本功。

3. 评分标准

(1) 仪表得体大方,教态自然,语言准确流畅,语速适宜,有较强的口头表达能力。肢体语言得体,符合教学内容要求。实验操作熟练规范,板书设计合理,布局美观(15～20分)。

(2) 仪表端庄,教态稍有紧张,语言正确,语速偏快或偏慢,表达准确。有肢体语言,基本符合教学内容要求。实验操作正确但不熟练,板书设计正确,布局不够美观(9～14分)。

(3) 仪表不够端庄,教态比较紧张,语言基本正确,语速过快或过慢,表达基本准确。肢体语言过多或者没有,不符合教学内容要求。实验操作不正确,板书设计不合理,布局不美观(0～8分)。

三、成绩评定

依据上述评分标准,根据《上饶师范学院关于师范生教师基本技能培训测试和成绩登记的实施细则》有关规定,化学专业师范生教学设计测试的成绩分优秀、良好、中等、合格和不合格,其中,同批次的不合格比例不低于30%(实行末尾淘汰制),优秀、良好、中等和合格的比例分别为20%、20%、20%和10%。技能测试评审组由三位评委组成。根据三位评委评定的成绩加和,由高分到低分按照上述比例确定同批次的成绩等级。

(化学与环境科学学院编制)

0506　教学设计测试大纲(汉语言文学)

教学设计是强化师范生教师基本技能的重要手段。语文教学设计的目的在于提高学生运用语文教学理论进行教学设计的能力,把理论与实践学习结合起来,增强学生对语文教学的感性与理性认识,为将来成为研究型基础教育的教师奠定扎实的基础。

一、语文教学设计的内容与要求

1. 具体内容

能依据《语文课程标准(实验)》规定的课程目标,针对学生的认知特征、知识水平及学习需求选择合适的教学内容;能根据教学内容的特点、学生个体差异确定教学目标、教学重点和教学难点;能准确表述教学目标,恰当选择教学策略,合理利用教学资源,设计多样的学习活动,引导学生积极参与学习过程;能在规定时间内完成所选教学内容的方案设计。

2. 具体要求

(1) 能够根据语文学科特点及该年段学生的认知特征,分析学生在语文学习方面的个体差异。

(2) 能够根据所选教学内容和学生已有知识水平,分析学生的学习需求。

(3)能够根据学生的学习需求和已有知识水平,诊断并确定学生的学习起点。

(4)能够根据学生的学习起点,明确教学内容与学生已有知识之间的关系。

(5)能够把握所选教学内容及其特点,准确分析教学任务,确定教学内容的相互关系和呈现顺序。

(6)能够根据《语文课程标准(实验)》规定的课程目标,所选教学内容及学生语文学习特点,确定教学目标、教学重点和教学难点。

(7)能够设计合理的教学流程,选择恰当的教学方法,突出与教学重点、难点相关的教学环节。

(8)了解语文教学资源的多样性,能根据所选教学内容合理开发、选择和利用教学资源。

(9)能够设计多样化的课外活动(如读书报告会、书评交流会),引导学生分享阅读乐趣,交流阅读成果,共同提高阅读和写作能力。

(10)了解编制教学方案的基本规范与要求,能在规定时间内完成教学方案。

二、语文教学设计的实施

在第4、6学期自选学段(原则上语文教育专业选初中,汉语言文学专业选高中;亦可根据就业实际情况选择),根据教材内容自选2~3篇不同文体的课文进行教学设计,并以此为依据进行微格训练或在班级进行分组展示。

三、语文教学设计的考核(100分)

(一)根据指定1课时(45分钟)的教学内容现场设计教学1例。

(二) 语文教学设计评价标准见下表。

项目	内容	评价标准	权重
教学目标设计	目标内容	包含知识和能力、过程和方法、情感态度和价值观等方面内容。	15分
	目标要求	教学目标明确、详细,可操作性强,符合学科特点,符合课标要求,符合学生特点及实际情况。	
	目标宗旨	体现对学生知识、能力、思想与创造思维等方面的发展要求。	
教学内容分析	教学内容	教学内容前后知识点关系、地位、作用描述准确,重点、难点分析清楚。	10分
学情分析	学生情况	正确描述学生学习水平、学习习惯和学习能力。	5分
教学方法教学过程环节设计	教学思路	教学主线描述清晰,教学内容符合课程标准要求,具有较强的系统性和逻辑性。	50分
	教学重点	重点突出,点面结合,深浅适度。	
	教学难点	难点描述清楚,把握准确,能够化难为易,以简代繁,处理恰当。	
	教学方法	教学方法描述清晰,选用适当。符合教学对象的要求,有利于教学内容的完成,有利于教学难点的解决,有利于教学重点的突出。	
	教学手段	教学辅助手段准备与使用说明清晰,教具及现代化教学手段运用恰当。	
	教学环节	内容充实精要,适合学生的理解水平;层次与结构合理,过渡自然,步骤清晰,便于操作;能够理论联系实际,注重教学互动,启发学生思考,培养学生分析问题、解决问题的能力。	

（续表）

项目	内容	评价标准	权重
教学方法教学过程环节设计	创新性	有一定创新性，有助于支持自主学习、合作学习或探究学习，有助于师生、生生有效互动。	
课时分配与课后延伸设计	课时分配	课时分配科学、合理，符合教学目标的要求。	10分
	章节总结	有完整的章节和课堂教学小结。	
	作业与答疑	辅导与答疑设置合理，符合学生学习状况；练习、作业、讨论安排符合教学目标，能够强化学生反思能力，加深学生对课业的理解，提高学生分析问题、解决问题的能力。	
文档规范	排版	文档结构完整，布局合理，格式美观整齐。	10分
	内容	文字、符号、单位和公式符合国家标准规范；语言清晰、简洁、明了，字体运用恰当，图表运用恰当。	

四、成绩评定

依据上述评分标准，根据《上饶师范学院关于师范生教师基本技能培训测试和成绩登记的实施细则》有关规定，汉语言文学专业及语文教育专业师范生教学设计测试的成绩分优秀、良好、中等、合格和不合格，其中，同批次的不合格比例不低于30%（实行末尾淘汰制），优秀、良好、中等和合格的比例分别为20%、20%、20%和10%。技能测试评审组由三位评委组成。根据三位评委评定的成绩加和，由高分到低分按照上述比例确定同批次的成绩等级。

（文学与新闻传播学院编制）

0507　教学设计测试大纲(思想政治教育)

思想政治教育专业教学设计测试主要测查应试者对教学设计理论的掌握及其运用程度,以及对中学思想政治专业课程标准和教学内容的掌握和熟悉程度。本大纲主要规定测试的内容、范围以及评分标准。

一、测试范围与环节

思想政治教育专业教学设计测试的范围包括初中思想品德(七年级～九年级)、高中思想政治必修课(经济生活、政治生活、文化生活、生活与哲学)的教学设计。

思想政治教育专业教学设计测试的基本环节包括教学目标设计、教学重难点设计、教学内容设计、教学方法设计、教学媒体设计、教学过程设计、教学评价设计、板书设计。

二、测试内容与观测点

(一) 教学目标设计

1. 测试目的

测查应试者依据课程标准、教材内容和学生实际,设计教学目标的能力水平。

2. 测试要求

指定教材内容,确定对应的知识目标、能力目标和情感态度价值观目标。

3. 观测点

(1) 区分三维教学目标,且水平分类符合学生实际。

(2) 教学目标的主体是学生。

(3) 教学目标表述明确具体,可观察、可检测。

(二) 教学重难点设计

1. 测试目的

测查应试者依据课程标准、教材内容和学生情况,确定教学重难点的能力水平。

2. 测试要求

指定教材内容,确定对应的教学重点和教学难点。

3. 观测点

(1) 准确把握教材内容,重难点定位准确。

(2) 重点难点确定兼顾知识性和思想性。

(三) 教学内容设计

1. 测试目的

测查应试者依据课程标准、教材内容和学生实际,选择、组织和呈现教学内容的能力水平。

2. 测试要求

正确处理教学内容与教材内容的关系,教学内容安排科学合理有效。

3. 观测点

(1) 教学内容选择方面:围绕教学目标;强调学生需要;突出重点难点;对教材内容合理调整。

(2) 教学内容组织方面：学科逻辑和生活逻辑兼顾；纵向组织与横向组织结合；直线前进与螺旋式上升结合。

(3) 教学内容呈现方面：教学内容情景化；教学内容案例化；教学内容问题化；教学内容活动化。

（四）教学方法设计

1. 测试目的

测查应试者依据课程标准、教学内容和学生实际，选择运用教学方法的能力水平。

2. 测试要求

灵活设计切实可行的教学方法，并在教学方法运用中贯彻启发式教学原则。

3. 观测点

(1) 根据教学目标、教学内容和学生实际，合理选择恰当的教法和学法。

(2) 教学过程中能对教学方法优化组合、综合运用。

(3) 教学方法设计体现启发式教学原则。

（五）教学媒体设计

1. 测试目的

测查应试者根据教学目标和教学内容对教学媒体选用及规划的能力水平。

2. 测试要求

围绕教学目标、教学内容和学生实际，有效整合信息技术与学科教学。

3. 观测点

(1) 综合利用各种教学素材，制作演示文稿或多媒体课件，配合教学的进行。

(2) 运用信息技术,创设教学情景,引导学生体验、探究和发现。

(3) 引导学生利用信息技术,获取相关信息,并对信息进行整理、加工和应用。

(六) 教学过程设计

1. 测试目的

测查应试者对思想政治专业课堂教学各环节的设计以及系统安排课堂结构的能力。

2. 测试要求

按照思想政治(思想品德)课程常规教学形式,合理安排课堂教学的组成环节及其程序。

3. 观测点

(1) 体现课改新理念,教学目标实现好。

(2) 课程资源组织合理,教学方案突出重点、突破难点。

(3) 教法学法同步,注重学习方式的转变。

(4) 互动良好,充分发挥师生积极性,创造愉快教学气氛。

(5) 课堂结构合理,教学环节完整流畅,教学艺术显现。

(七) 教学评价设计

1. 测试目的

测查应试者思想政治专业教学评价的能力水平。

2. 测试要求

依据新课改理念,结合教学目标和教学内容,科学设计思想政治专业课堂练习、课后作业以及试题试卷,并分析和处理评价结果。

3. 观测点

(1) 评价内容合理,点面结合,表述科学准确。

(2) 评价标准科学,整体考察三维目标,难度适中。

(3) 评价结果分析正确,并有科学恰当的反馈。

(八) 板书设计

1. 测试目的

测查应试者板书设计的能力水平。

2. 测试要求

根据教学目标,教学重难点及其内容,科学规范设计板书。

3. 观测点

(1) 板书布局合理,提纲挈领、便于记忆。

(2) 板书展现内容结构,突出重点、难点。

(3) 板书设计精美,启发学生思维。

三、测试方式

思想政治教育专业教学设计测试的形式为笔试,要求应试者根据指定中学思想政治(思想品德)教材内容,进行教学设计并写出相应教学方案,时间90分钟。

四、成绩评定

根据《上饶师范学院关于师范生教师基本技能培训测试和成绩登记的实施细则》有关规定,思想政治教育专业师范生教学设计测试的成绩分优秀、良好、中等、合格和不合格,其中,同批次的不合格比例不低于30%(实行末尾淘汰制),优秀、良好、中等和合格的比例分别为20%、20%、20%和10%。技能测试评审组由三位评委组成。根据三位评委评定的成绩加和,由高分到低分按照上述比例确定同批次的成绩等级。

优秀、良好、中等、及格、不及格的参考标准是:

(1) 优秀:教学环节安排紧凑,教学过程完整流畅,导入、小结等新颖、有针对性,板书美观、提示性强,作业有拓展空间;教学内容组织有序,呈现方式符合学生实际,重点突出、难点突破;教学方法灵活,具有启发性、针对性和操作性,教学中包含学法指导,能够促成教学目标实现;教学方案要素齐全,格式规范,字迹布局美观;整体设计符合课标要求和学生实际,富有特色,并能很好地预测课堂教学效果。

(2) 良好:教学环节没有遗漏且安排有序,教学过程完整;教学内容层次清晰、条理性强,知识点安排合理,板书提示性强且与教学内容相适应;教学方法适应教学内容和学生实际并有一定的启发性;教学方案要素齐全,格式规范;整体设计符合课标要求和学生实际,能较好地预测课堂教学效果。

(3) 中等:教学过程包括导入、讲授新课、小结、布置作业等基本环节,且有一定的设计性;教学内容条理性较好,教材主要知识点展开较好;教学方法符合教学内容和学生实际,有板书设计且合乎规范;教学方案要素齐全,格式规范。整体设计能一定程度预测课堂教学效果。

(4) 及格:教学过程包括导入、讲授新课、小结、布置作业等基本环节;教学内容思路较清晰,涵盖教材中主要知识点;教学方法符合教学内容和学生实际,有一定针对性;有板书设计;教学方案要素基本齐全,格式基本规范。

(5) 不及格:教学过程不完整,教学主要环节有缺失、安排不合理;教学内容选择组织不得当;教学目标及其实现目标的方法笼统,缺乏针对性;教学方案格式不规范,整体设计不能预测课堂教学效果。

(政治与法律学院编制)

0508　教学设计测试大纲(英语)

根据教育部颁布的《中小学教师资格考试标准》和《中小学教师专业标准》的相关内容制定本大纲。

英语学科教学设计测试测查应试人在分析教学对象和教学材料的基础上，运用系统方法安排教学诸要素，形成教学流程，编制英语教学预案的水平，以及英语书面表达的规范和熟练程度。并且，认定其教学设计水平等级。本大纲规定测试的内容、范围和评分系统。

英语学科教学设计测试以笔试或者 word 文档方式进行。

一、测试内容

英语学科教学设计测试的内容包括教学设计理念、教材分析、学情分析、教学目标、重点难点、教学方法、教学媒体、教学程序和板书设计。

英语学科教学设计测试的范围是江西省中小学使用的英语教材，即人民教育出版社出版的义务教育教科书《英语》各册和普通高中课程标准实验教科书《英语》各册。

二、测试试卷构成与评分标准

(一) 教学设计理念(7 分)

1. 目的

测查应试人对英语新课程理念和教学思想的理解。

2. 要求

(1) 正确把握英语新课程理念,科学理解英语教学思想或方法。

(2) 英语书面表达规范,语言流畅。

3. 评分标准

(1) 体现英语新课程基本理念,并以此为设计的指导思想(3分)。

(2) 注重英语新课标的基本要求,并以此合理结合英语教学思想或方法(3分)。

(3) 融合科学的教育原理或观点(1分)。

(4) 英语词汇和语法错误酌情扣分。

(二) 教材分析(7分)

1. 目的

测查应试人对教材的把握和感悟程度,对其在整个教材体系中地位和作用的理解程度。

2. 要求

(1) 准确理解教材内容,把握其地位和作用,并对教学内容有合理的课型和课时安排。

(2) 英语书面表达规范,语言流畅。

3. 评分标准

(1) 全面透彻理解教材内容,有正确的课型定位(3分)。

(2) 正确把握教材内容在整个教材体系中的地位、作用或意义(3分)。

(3) 对教材的处理有合理的课时安排(1分)。

(4) 英语词汇和语法错误酌情扣分。

(三) 学情分析(7分)

1. 目的

测查应试人对学生已有语言知识和技能、认知规律、学习方法等方面的了解程度。

2. 要求

(1) 能客观分析学生的语言能力、认知规律、年龄特征和学习方法等已有知识经验。

(2) 英语书面表达规范,语言流畅。

3. 评分标准

(1) 客观阐述学生的语言学习基础和学习方法(4分)。

(2) 结合学生的年龄特征和认知规律进行分析(2分)。

(3) 能预先判断学生对新授知识的接受情况(1分)。

(4) 英语词汇和语法错误酌情扣分。

(四) 教学目标(8分)

1. 目的

测查应试人根据新课标的基本理念,对具体教学目标的把握程度和制定能力。

2. 要求

(1) 注重学生综合语言运用能力的培养,制定明确、合理的各项教学目标,可操作性强,并且体现出与教学内容的有机整合。

(2) 英语书面表达规范,语言流畅。

3. 评分标准

(1) 体现出合理的语言知识目标(2分)。

(2) 体现出合理的语言技能目标(2分)。

(3) 体现出合理的学习策略目标(2分)。

(4) 体现出合理的情感态度和文化意识目标(2分)。

(5) 英语词汇和语法错误酌情扣分。

(五) 重点难点(8分)

1. 目的

测查应试人对教学重点难点的理解和把握程度。

2. 要求

(1) 根据教材内容和学生现有水平,准确把握教学重点难点。

(2) 英语书面表达规范,语言流畅。

3. 评分标准

(1) 准确阐释教学重点(4分)。

(2) 准确阐释教学难点(4分)。

(3) 英语词汇和语法错误酌情扣分。

(六) 教学方法和教学媒体(11分)

1. 目的

测查应试人依据教学目标和学情,对教学方法和教学媒体的合理选择和运用的能力。

2. 要求

(1) 合理选择教学方法,并优化组合,体现出与教学内容和目标的有机整合。

(2) 恰当有效地选择教学媒体,考虑对教学的适应性。

(3) 英语书面表达规范,语言流畅。

3. 评分标准

(1) 教学方法的选择科学合理,符合教材特点和学生实际,具有启发和引导性(4分)。

(2) 教学方法的选择利于营造交流互动的语言学习环境,促进主动与合作学习(3分)。

(3) 教学媒体的选择灵活多样,体现传统和现代教育技术的有效整合(3分)。

(4) 对教学方法和媒体的选择体现出新理念、新策略或新思路(1分)。

(5) 英语词汇和语法错误酌情扣分。

(七) 教学程序(45分)

1. 目的

测查应试人依据教学目标和学情,整合教学内容,实施课堂教学整体设计的综合水平。

2. 要求

(1) 清晰展现教学过程的具体操作,教学步骤安排合理,教学活动设计科学。

(2) 恰当选择教学方法或策略,并优化组合,体现出与教学内容和目标的有机整合。

(3) 课堂活动围绕教学目标进行,促进学生综合语言运用能力的提高。

(4) 英语书面表达规范,语言流畅。

3. 评分标准

(1) 教学活动紧扣教学目标,设计科学合理,符合学生的认知规律(8分)。

(2) 教学内容的呈现及讲解准确,有针对性(6分)。

(3) 能抓住关键,突出重点,突破难点(6分)。

(4) 教学步骤安排恰当,层次清楚,环节衔接和过渡自然,时间把握得当(6分)。

(5) 教学方法科学有效,运用多种教学媒体,促进主动学习和合作学习(6分)。

(6) 课堂组织形式多样,促进综合语言运用能力的发展,有引导性和趣味性(6分)。

(7) 师生活动比例合理,课堂参与面广(4分)。

(8) 有一定的教学特色或教学亮点(3分)。

(9) 英语词汇和语法错误酌情扣分。

(八) 板书设计(7分)

1. 目的

测查应试人依据教学需要,将部分教学内容转化为文字、图形等形式,通过合理的布局,准确简洁地展示给学生的能力。

2. 要求

(1) 板书具备计划性,科学规划板书的内容和格式,结构合理。

(2) 板书具备条理性,层次清楚、条理分明,直观简洁。

(3) 板书具备示范性,书写规范准确,工整美观。

3. 评分标准

(1) 板书设计与教学内容紧密结合,结构布局合理(2分)。

(2) 板书内容层次分明,有条理,重点难点突出(2分)。

(3) 板书工整美观,书写规范准确(2分)。

(4) 板书形式多样,能应用强化手段(如加强符号等)(1分)。

三、成绩评定

依据上述评分标准,根据《上饶师范学院关于师范生教师基本技能培训测试和成绩登记的实施细则》有关规定,英语专业师范生教学设计测试的成绩分优秀、良好、中等、合格和不合格,其中,同批次的不合格比例不低于30%(实行末尾淘汰制),优秀、良好、中等和合格的比例分别为20%、20%、20%和10%。技能测试评审组由三位评委组成。根据三位评委评定的成绩加和,由高分到低分按照上述比例确定同批次的成绩等级。

（外国语学院编制）

0509　教学设计测试大纲(历史学)

根据《中学教师专业标准(试行)》以及中小学教师历史学科岗位和教师资格证考试对相关技能的要求,制定本大纲。

历史学科教学设计测试旨在测查应试人教师基本功规范程度、熟练程度。本大纲规定测试的内容、范围、题型及评分标准。

历史学科教学设计测试以"编写课程教案"方式进行。根据指定1课时(45分钟)的教学内容现场设计历史教案1例。

一、测试内容和范围

测试内容:(1)教学内容分析;(2)教学情况分析;(3)教学目标制定;(4)教学策略制定;(5)教学过程设计;(6)教学文档设计。围绕六个层面进行教案设计,解决"教什么、怎么教"的问题,是教学过程的最优化。

测试范围:是指师范专业培养方案所规定的专业基础课程,包括:《历史课程与教学论》《中学历史课程标准与教学研究》《中学历史学科教学设计》三门必修课。

二、测试项目构成与评分标准(共100分)

(一)教学内容分析

(教学思路、教学重点、教学难点,共12分)

1. 目的

测查应试人对课程标准相关陈述的具体内容标准和与上课内容息息相关的表现标准的理解程度,对教学内容前后知识点关系、地位、作用描述准确,重点、难点分析清楚的程度。

2. 要求

(1) 教学思路:整体上掌握教材的框架、脉络,考虑如何选择和安排教学内容,解决"教什么"问题,充分体现课程标准要求达到的目标。

(2) 教学重点:引导学习者有主次地、有重点地把握知识、发展能力和形成正确的情感、态度、价值观。

(3) 教学难点:分析学习者原有历史认知结构与学习新内容所遭遇问题难点形成的原因。

3. 评分标准

(1) 教学思路(4 分)。

(2) 教学重点(4 分)。

(3) 教学难点(4 分)。

(注:每一要点分值,视应试者理解课程标准,分析教材结构,确定教学重点、难点的准确情况给分)

(二) 教学情况分析

(年龄特征、认知差异、行为态度,共 6 分)

1. 目的

测查应试人对教学对象是否注重"因材施教";结合所要达到的教学目标,做到"心中有数"的预测分析、实时分析和反思分析,以此促进对教学的策略、方法做优化选择。

2. 要求

(1) 确定初始能力,了解一般特征,分析学习风格。

(2) 用一种明确、具体,可观察和测定的行为术语,准确表达个性差异。

(3) 强调学情分析的针对性、多样性、有效性。

3. 评分标准

(1) 年龄特征(2分)。

(2) 认知差异(2分)。

(3) 行为态度(2分)。

(注:每一要点分值,视应试者基于个性差异展开学情分析的准确情况给分)

(三) 教学目标制定

(目标内容、目标要求、目标宗旨,共15分)

1. 目的

测查应试人对教学"三维目标"的具体应用标准程度(即识记与理解层次、分析层次、应用层次),以此判断该测试是否能够实现预期的教学实践能力培养目标。

2. 要求

(1) 目标内容标准:包含知识与能力、过程与方法、情感态度和价值观等方面内容。

(2) 目标要求标准:教学目标明确、详细、可操作性强,符合学科特点,符合课标要求,符合学生特点及实际情况。

(3) 目标宗旨标准:体现对学生知识、能力、思想与创造思维等方面的发展要求。

3. 评分标准

(1) 目标内容标准(5分)。

(2) 目标要求标准(5分)。

(3) 目标宗旨标准(5分)。

(注:每一要点分值,视应试者表述专业术语的准确情况给分)

(四)教学策略制定

(教学方法、教学手段、教学创新,共9分)

1. 目的

测查应试人在选择教学策略时能否考虑原理性、技术性、操作性等方面因素,选择最优组合实现有效教学的目的。

2. 要求

(1) 教学策略描述清晰,选用恰当;有利于教学内容的完成,有利于教学重点、难点的解决。

(2) 教学媒体的选择和运用,阐述运用教学媒体的设想,解决"怎么教"的问题。

(3) 教学创新符合教学对象的要求,有助于支持"自主、合作、探究"的学习,有助于师生、生生有效互动。

3. 评分标准

(1) 教学方法(3分)。

(2) 教学手段(3分)。

(3) 教学创新(3分)。

(注:每一要点分值,视应试者能否从教育新理念出发,妥善地选择教学手段,取得最佳的教学效果程度给分)

(五)教学过程设计

(导入新课、讲授新课、感知新课、小结新课、反馈新课,共50分)

1. 目的

教学过程设计的内容与形式应根据实际需要而定;更多地关注方法策略以及教学流程及其自然过渡。关键是能够临场根据教学情况随机应变,使教学设计发挥更大的作用。

2. 要求

(1) 教学环节完整,层次结构恰当,过渡自然,步骤清晰,便于操作。

(2) 内容充实,简明扼要,启发学习者思考,适合学习者的理解水平。

(3) 能够理论联系实际,注重教学互动,培养学习者分析问题、解决问题的能力。

(4) 有完整的章节和课堂教学小结。

(5) 课时分配科学、合理,符合教学目标要求。

3. 评分标准

(1) 导入新课(情境导入)(10 分)。

(2) 讲授新课(问题启发)(10 分)。

(3) 感知新课(新知探究)(10 分)。

(4) 小结新课(梳理点拨)(10 分)。

(5) 反馈新课(延伸思考,含布置作业)(10 分)。

(注:每一要点分值,视应试者表述设计的流程及各要素的合理运用准确情况给分)

(六) 教学文档设计

(教案完整、结构严谨、文档规范,共 8 分)

1. 目的

测查应试人在撰写教案过程中能否做到内容与形式的辩证统一,避免文档潦草、层次不明、文理欠通等弊端,以此促进严谨的教学准备。

2. 要求

(1) 文档结构完整,布局合理,格式美观整齐。

(2) 文字、符号和图表标准规范。

(3) 语言简洁、明了,字体运用恰当。

3. 评分标准

教案完整(2分)。

结构严谨(2分)。

文档规范(含板书设计)(4分)。

三、成绩评定

依据上述评分标准,根据《上饶师范学院关于师范生教师基本技能培训测试和成绩登记的实施细则》有关规定,历史学专业师范生教学设计测试的成绩分优秀、良好、中等、合格和不合格,其中,同批次的不合格比例不低于30%(实行末尾淘汰制),优秀、良好、中等和合格的比例分别为 20%、20%、20%和10%。技能测试评审组由三位评委组成。根据三位评委评定的成绩加和,由高分到低分按照上述比例确定同批次的成绩等级。

(历史地理与旅游学院编制)

0510　教学设计测试大纲(地理科学)

根据《中学教师专业标准(试行)》以及中小学教师地理学科岗位和教师职业对相关技能的要求制定本大纲。

中学地理教学设计技能测试旨在测查应试人员的地理教学目标、地理教学内容、地理教学方法、地理课堂教学、板书等设计技能。本大纲规定测试的内容、范围、题型及评分标准。

中学地理教学设计技能测试采用口试方式进行。

一、测试内容和范围

中学地理教学设计技能测试的内容包括地理教学目标、地理教学内容、地理教学方法、地理课堂教学、板书等设计方法和技能。

中学地理教学设计技能测试的范围是根据上饶师范学院地理科学专业编制的《中学地理教学设计教学大纲》《中学地理教学设计考试大纲》所定。

二、测试项目与评分标准

(一) 地理教学内容设计(限时 20 分钟,共 20 分)

1. 目的

测查应试人员对课程标准的解读能力,教材内容的处理、重点难点的确定、教学资源的组合能力。

2. 要求

(1) 正确理解课标。

(2) 基础知识、基本技能处理正确,重点难点处理正确。

3. 评分标准

(1) 基础知识、基本技能处理正确 10 分,较正确 7 分,基本正确低于 5 分。

(2) 重点难点的处理正确 10 分,较正确 7 分,基本正确低于 5 分。

(二) 地理教学目标的设计(限时 10 分钟,共 15 分)

1. 目的

测查应试人员对知识与技能目标、过程与方法目标、情感态度与价值观目标的设计能力。

2. 要求

(1) 三维目标描述正确,行为动词使用恰当。

(2) 反映新课程理念。

3. 评分标准

(1) 三维目标描述正确 10 分,较正确 7 分,基本正确低于 5 分。

(2) 正确体现新课程理念 5 分,较正确 3.5 分,基本正确低于 2.5 分。

(三) 中学地理教学方法设计及教学媒体设计(限时 15 分钟,共 15 分)

1. 目的

测查应试人员中学地理教学方法设计及教学媒体设计的能力及新课程理念。

2. 要求

(1) 教学方法设计及教学媒体设计体现新课程理念。

(2) 教学方法设计及教学媒体设计有利于教学目标的实现。

3. 评分标准

(1) 教法科学合理 5 分,较合理 3.5 分,基本合理低于 2.5 分。

(2) 学法科学合理 5 分,较合理 3.5 分,基本合理低于 2.5 分。

(3) 教学媒体使用合理恰当 5 分,恰当 3.5 分,基本恰当低于 2.5 分。

(四) 中学地理教学过程及板书设计(限时 10 分钟,共 50 分)

1. 目的

测查应试人员地理教学过程中导课、提问、讲解、承转、总结、反馈等的设计技能及板书的设计技能。

2. 要求

(1) 导课、提问、讲解、承转、总结、反馈设计科学合理,有利于学生知识技能的掌握和情感态度价值观的形成。

(2) 板书设计重点突出、层次分明、条理清楚、详略得当。

3. 评分标准

导课好 5 分,较好 3.5 分,不太理想 2.5 分或低于 2.5 分。

提问好 5 分,较好 3.5 分,不太理想 2.5 分或低于 2.5 分。

讲解好 20 分,较好 14 分,不太理想 10 分或低于 10 分。

承转自然 5 分,较自然 3.5 分,不太理想 2.5 分或低于 2.5 分。

总结到位 5 分,较好 3.5 分,不太理想 2.5 分或低于 2.5 分。

反馈及时 5 分,较好 3.5 分,不太理想 2.5 分或低于 2.5 分。

板书好 5 分,较好 3.5 分,不太理想 2.5 分或低于 2.5 分。

三、成绩评定

依据上述评分标准,根据《上饶师范学院关于师范生教师基本技能培训测试和成绩登记的实施细则》有关规定,地理科学专业师范生教学设计测试的成绩分优秀、良好、中等、合格和不合格,其中,同批次的不合格比例不低于30%(实行末尾淘汰制),优秀、良好、中等和合格的比例分别为20%、20%、20%和10%。技能测试评审组由三位评委组成。根据三位评委评定的成绩加和,由高分到低分按照上述比例确定同批次的成绩等级。

(历史地理与旅游学院编制)

0511　教学设计测试大纲(体育教育)

体育教学设计测试总体评价原则是测试应试人体育教学设计中是否渗透现代体育教学思想、观念和理论，以及设计是否新颖、独特和创新。应试者应结合我国新课程改革的理念，以及基础教育现实、教学要求、课程目标等发生的深刻变化，针对指定内容进行教学设计，解决"教什么、怎么教"的问题，使教学过程最优化。本大纲规定测试的内容、范围及评分标准。

一、测试内容和范围

测试的内容包括教学内容分析、学情分析、教学目标设置、教学方法手段选择与运用、教学重难点分析、教学过程设计、课时分配、课堂预计、文档规范等。

按照《新课标》要求，以人民教育出版社出版的中小学《体育与健康》教材为依据，选择测试范围。

二、测试评价标准

项目	内容	评价标准	权重
教学目标设计	目标内容	包含知识和能力、过程和方法、情感态度和价值观等方面内容。	

(续表)

项目	内容	评价标准	权重
教学目标设计	目标要求	教学目标明确、详细,可操作性强,符合学科特点,符合课标要求,符合学生特点及实际情况。	15分
	目标宗旨	体现对学生知识、能力、思想与创造思维等方面的发展要求。	
教学内容分析	教学内容	教学内容前后知识点关系、地位、作用描述准确,重点、难点分析清楚。	10分
学情分析	学生情况	正确描述学生学习水平、学习习惯和学习能力。	5分
教学方法、教学过程与环节设计	教学思路	教学主线描述清晰,教学内容符合课程标准要求,具有较强的系统性和逻辑性。	50分
	教学重点	重点突出,点面结合,深浅适度。	
	教学难点	难点描述清楚,把握准确,能够化难为易,以简代繁,处理恰当。	
	教学方法	教学方法描述清晰,选用恰当。符合教学对象的要求,有利于教学内容的完成,有利于教学难点的解决,有利于教学重点的突出。	
	教学手段	教学辅助手段准备与使用说明清晰,教具及现代化教学手段运用恰当。	
	教学环节	体育教学三过程设计合理,教法(教师活动、学生活动)、要求、组织措施等填写明确,具体有效,简明扼要;内容充实精要,适合学生的理解水平;层次与结构合理,过渡自然,步骤清晰,便于操作;能够理论联系实际,注重教学互动,启发学生思考,培养学生分析问题、解决问题的能力。	
	创新性	有一定创新性,有助于支持自主学习、合作学习或探究学习,有助于师生、生生有效互动。	

(续表)

项目	内容	评价标准	权重
课时分配与课堂负荷预计	课时分配	课时分配科学、合理,符合教学目标的要求。	10分
	章节总结	有完整的章、节课堂教学小结。	
	课堂负荷预计	有负荷预计,一般密度、练习密度、生理负荷、心理负荷预计安排合理,心率变化曲线图描述基本准确。	
文档规范	排版	文档结构完整,布局合理,格式美观整齐	10分
	内容	文字、符号、单位和公式符合国家标准规范;语言清晰、简洁、明了,字体运用恰当,图表运用恰当。	

三、成绩评定

依据上述评分标准,根据《上饶师范学院关于师范生教师基本技能培训测试和成绩登记的实施细则》有关规定,体育教育专业师范生教学设计测试的成绩分优秀、良好、中等、合格和不合格,其中,同批次的不合格比例不低于30%(实行末尾淘汰制),优秀、良好、中等和合格的比例分别为20%、20%、20%和10%。技能测试评审组由三位评委组成。根据三位评委评定的成绩加和,由高分到低分按照上述比例确定同批次的成绩等级。

(体育学院编制)

0512　教学设计测试大纲(美术学)

根据教育部《义务教育美术课程标准(2011版)》《普通高中美术课程标准(实验)》和美术教学设计的学科特点,结合学生实际情况制定本大纲。

美术学专业师范生教学设计测试旨在测试美术师范专业学生的美术教学设计能力水平,本大纲规定测试的内容范围及评分标准。

一、测试内容和范围

培训测试内容和范围包括美术教学设计的基本指导思想、基本概念和理论;分析美术课堂教学问题、规范完成课件制作、解决美术课堂教学问题的能力;不同美术学习领域、模块课堂教学设计的方法步骤。

二、评分标准

(一)美术教学设计的指导思想、基本概念和理论(20分)

1. 目的

测试学生对美术教学设计指导思想、基本概念、理论的把握理解。

2. 要求

能熟练掌握美术教学设计指导思想、基本概念和基本理论。

3. 评分标准

(1) 较熟练掌握美术教学设计指导思想、基本概念和基本理论(15～20分)。

(2) 部分掌握美术教学设计指导思想、基本概念和基本理论(10～14分)。

(3) 对美术教学设计指导思想、基本概念和基本理论理解把握有明显缺陷(0～9分)。

(二) 分析美术课堂教学问题、规范完成课件制作、解决美术课堂教学问题的能力(60分)

1. 目的

测试学生分析美术课堂教学问题、规范完成课件制作、解决美术课堂教学问题的能力。

2. 要求

具备分析美术课堂教学问题、规范完成课件制作、解决美术课堂教学问题的能力。

3. 评分标准

(1) 具备分析美术课堂教学问题、规范完成课件制作、解决美术课堂教学问题的能力(50～60分)。

(2) 部分具备分析美术课堂教学问题、规范完成课件制作、解决美术课堂教学问题的能力(40～49分)。

(3) 不能分析美术课堂教学问题、规范完成课件制作,不具备解决美术课堂教学问题的能力(依照实际情况酌情给分,10～39分)。

(三) 不同美术学习领域、模块课堂教学设计的方法步骤(20分)

1. 目的

测试学生对不同美术学习领域、模块课堂教学设计方法步骤的把握理解。

2. 要求

能熟练掌握不同美术学习领域、模块课堂教学设计的方法步骤。

3. 评分标准

(1) 较熟练掌握不同美术学习领域、模块课堂教学设计的方法步骤(15~20分)。

(2) 部分掌握不同美术学习领域、模块课堂教学设计的方法步骤(10~14分)。

(3) 不能针对不同美术学习领域、模块课堂提出合适的教学设计方法步骤(0~9分)。

三、成绩评定

依据上述评分标准,根据《上饶师范学院关于师范生教师基本技能培训测试和成绩登记的实施细则》有关规定,美术学专业师范生教学设计测试的成绩分优秀、良好、中等、合格和不合格,其中,同批次的不合格比例不低于30%(实行末尾淘汰制),优秀、良好、中等和合格的比例分别为20%、20%、20%和10%。技能测试评审组由三位评委组成。根据三位评委评定的成绩加和,由高分到低分按照上述比例确定同批次的成绩等级。

(美术与设计学院编制)

0513　教学设计测试大纲(书法学)

一、测试内容和形式

书法学专业师范生教学设计测试的内容包括以下几个方面：

(1) 楷书、行书、隶书、书法欣赏等课程教学设计基本技巧。

(2) 书法课堂教学目标、教学重难点、教学方法、教学步骤与时间分配等各环节设计水平。

(3) 多媒体课件制作水平。

本测试主要参照《楷书》《行书》《隶书》《中国书法史》等课程，结合教学设计一般原理，编制测试考卷。应试者在规定时间内提交个人教学设计，评委根据应试者教学设计各方面情况评分。

二、评分标准

(一) 测试要求

(1) 熟练掌握不同书法字体及书法欣赏课学习领域、模块课堂教学设计的方法步骤。

(2) 熟练掌握多媒体课件制作。

(3) 教学设计符合一般教学设计原理，教学设计各环节完整。

(二) 评分标准

书法学专业师范生教学设计测试满分为 100 分。具体分段标准如下：

(1) 熟练掌握不同书法字体及书法欣赏课学习领域、模块课堂教学设计的方法步骤,教学设计各环节完整,教学课件设计美观科学,符合教学设计原理(90~100 分)。

(2) 比较熟练地掌握不同书法字体及书法欣赏课学习领域、模块课堂教学设计的方法步骤,教学设计各环节完整,教学课件设计合理大方,符合教学设计原理(80~89 分)。

(3) 基本掌握不同书法字体及书法欣赏课学习领域、模块课堂教学设计的方法步骤,教学设计各环节逻辑性不强,教学课件设计一般,符合一般教学设计原理(70~79 分)。

(4) 基本掌握不同书法字体及书法欣赏课学习领域、模块课堂教学设计的方法步骤,教学设计各环节逻辑性不强,教学课件设计较差,不符合教学设计原理(60~69 分)。

(5) 未能掌握不同书法字体及书法欣赏课学习领域、模块课堂教学设计的方法步骤,教学设计各环节逻辑性较差,教学课件设计较差,不符合教学设计原理(60 分以下)。

三、成绩评定

依据上述评分标准,根据《上饶师范学院关于师范生教师基本技能培训测试和成绩登记的实施细则》有关规定,书法学专业师范生教学设计测试的成绩分优秀、良好、中等、合格和不合格,其中,同批次的不合格比例不低于 30%(实行末尾淘汰制),优秀、良好、中等和合格的比例分别为 20%、20%、20%和 10%。技能测试评审组由三位评委组成。根据三位评委评定的成绩加和,由高分到低分按照上述比例确定同批次的成绩等级。

(美术与设计学院编制)

0514　教学设计测试大纲(音乐学)

根据教育部2011年版《全日制义务教育音乐课程标准》制定本大纲。

教学设计测试测查应试人分析和处理中小学音乐教材的能力、运用中小学音乐教学法设计音乐教学过程的能力。本大纲规定测试的内容、范围、题型及评分标准。

教学设计测试以笔试方式进行。

一、测试内容和范围

教学设计水平测试的内容包括教学目标、教学重点、教学难点、教材分析、教具、教学过程、作业及板书的设计。

教学设计水平测试的教材为：人民音乐出版社出版的七年级《音乐》上、下册，八年级《音乐》上、下册。

二、评分标准

根据指定内容，设计1个课时(45分钟)的教案，限时90分钟，共100分。

(一) 教学目标设计(10分)

1. 目的

测查应试人对本节课教学目标设计的合理性、科学性、创新性及表述的准确性。

2. 要求

(1) 教学目标明确、具体,符合音乐课程标准的要求、突出音乐学科特点和学生实际。

(2) 三维目标自然融合,便于操作和检验。

(3) 语言表述规范,突出学生的主体地位,强调学习的过程与方法。

3. 评分标准

(1) 教学目标空泛或过大,扣 4~6 分。

(2) 三维目标语言表述不规范,扣 2~4 分。

(二) 教学重点(6 分)

1. 目的

测查应试人对本节课教学重点把握是否准确,能否更好地为实现教学目标服务。

2. 要求

(1) 结合教学目标确定教学重点。

(2) 教学重点突出鲜明、详略得当。

(3) 了解学生原有的音乐知识基础和技能状况,了解学生的音乐审美需求。

3. 评分标准

(1) 教学重点把握不准确,扣 2~4 分。

(2) 不切合学生实际,扣 2 分。

(三) 教学难点(6 分)

1. 目的

测查应试人对本节课教学难点的确定是否准确,化解学生不易理解的音乐知识,或不易掌握的音乐表演技能。

2. 要求

(1) 化难为易、突破难点、以简驭繁。

(2) 根据学生具体情况讲授本节课音乐知识点或音乐技能。

3. 评分标准

(1) 教学难点把握不准确,扣 2~4 分。

(2) 不切合学生实际,扣 2 分。

(四) 教材分析(6 分)

1. 目的

测查应试人对本节课教材内容的分析与处理能力,既要立足教材,尊重教材,又要活用教材,彰显个性。

2. 要求

(1) 对教材和课标(大纲)理解准确、透彻、全面、系统。

(2) 能围绕教学目标精选内容,取舍得当,创造性地使用教材。

3. 评分标准

(1) 未能挖掘音乐教材的内涵,扣 2~3 分。

(2) 教学内容数量过多或过少,扣 2~3 分。

(五) 教具(4 分)

1. 目的

测查应试人利用教具辅助教学的情况。

2. 要求

(1) 恰当使用教学媒体和教具、学具辅助教学。

(2) 结合教师自身情况合理使用钢琴等乐器。

3. 评分标准

不使用多媒体工具或乐器,扣 2~4 分。

(六) 教学过程(60分)

1. 目的

测查应试人有目的、有组织、有计划地指导学生体验音乐、表现音乐的师生共同活动的过程。

2. 要求

(1) 有明显的规划性。

(2) 有足够的预见性。

(3) 有一定的创造性。

3. 评分标准

(1) 未体现新课标理念：以审美为核心,以兴趣爱好为动力,扣10~15分。

(2) 教学思路不够清晰,课堂结构不合理,时间分配不合理,扣10~15分。

(3) 环节目标不明确、要求不具体,操作性不强,扣6~10分。

(4) 教学容量不合理,扣5~10分。

(5) 不注重学生互动性,扣5~10分。

(七) 作业设计(4分)

1. 目的

测查应试人作业设计的技巧,延伸本节课教学内容。

2. 要求

(1) 贴近学生实际,适度延伸音乐与其他学科的联系。

(2) 难度层次递进,有利于增进学生的音乐兴趣。

3. 评分标准

(1) 音乐课无作业,扣2~4分。

(2) 不切合学生实际,作业引起学生反感,扣2~4分。

(八) 板书设计(或课件制作)(4分)

1. 目的

测查应试人的板书技能。

2. 要求

(1) 与教学内容联系紧密、结构合理。

(2) 简洁、工整、美观、字体大小适当、无错别字。

(3) 若使用多媒体教学,必须熟练、有效,课件制作整洁优美、布局合理。

3. 评分标准

(1) 排版设计杂乱,扣2~4分。

(2) 书写不美观,有明显错别字,扣2~4分。

三、成绩评定

依据上述评分标准,根据《上饶师范学院关于师范生教师基本技能培训测试和成绩登记的实施细则》有关规定,音乐学专业师范生教学设计测试的成绩分优秀、良好、中等、合格和不合格,其中,同批次的不合格比例不低于30%(实行末尾淘汰制),优秀、良好、中等和合格的比例分别为20%、20%、20%和10%。技能测试评审组由三位评委组成。根据三位评委评定的成绩加和,由高分到低分按照上述比例确定同批次的成绩等级。

(音乐舞蹈学院编制)

0515　教学设计测试大纲(舞蹈学)

根据教育部 2011 年版《全日制义务教育音乐课程标准》制定本大纲。

教学设计测试测查应试人分析和处理中小学音乐教材的能力、运用中小学音乐教学法设计中小学音乐课程的教学能力。本大纲规定测试的内容、范围、题型及评分标准。

教学设计测试以笔试方式进行。

一、测试内容和范围

教学设计测试的内容包括教学目标、教学重点、教学难点、教材分析、教具、教学过程、作业及板书的设计。

教学设计水平测试的教材为：人民音乐出版社出版的七年级上、下册,八年级上、下册。

二、试卷构成与评分标准

根据指定内容,设计 1 个课时(45 分钟)的教案,限时 90 分钟,共 100 分。

(一)教学目标设计(10 分)

1. 目的

测查应试人对本节课教学目标设计的合理性、科学性、创新性及表述的准确性。

2. 要求

(1) 教学目标明确、具体，符合音乐课程标准的要求、突出中小学音乐学科特点和学生实际。

(2) 三维目标自然融合，便于操作和检验。

(3) 语言表述规范，突出学生的主体地位，强调学习的过程与方法。

3. 评分标准

(1) 教学目标空泛或过大，扣4～6分。

(2) 三维目标语言表述不规范，扣2～4分。

(二) 教学重点(6分)

1. 目的

测查应试人对本节课教学重点把握是否准确，能否更好地为实现教学目标服务。

2. 要求

(1) 结合教学目标确定教学重点。

(2) 教学重点突出鲜明、详略得当。

(3) 了解学生原有的音乐知识基础和技能状况，了解中小学生的音乐审美需求。

3. 评分标准

(1) 教学重点把握不准确，扣2～4分。

(2) 不切合学生实际，扣2分。

(三) 教学难点(6分)

1. 目的

测查应试人对本节课教学难点的确定是否准确，化解学生不易理解的音乐知识，或不易掌握的音乐表演技能。

2. 要求

(1) 化难为易、突破难点、以简驭繁。

(2) 结合学生具体情况和本节课音乐知识点或音乐技能。

3. 评分标准

(1) 教学难点把握不准确,扣2~4分。

(2) 不切合学生实际,扣2分。

(四) 教材分析(6分)

1. 目的

测查应试人对本节课教材内容的分析与处理能力,既要立足教材,尊重教材,又要活用教材,彰显个性。

2. 要求

(1) 对教材和课标(大纲)理解准确、透彻、全面、系统。

(2) 能围绕教学目标精选内容,取舍得当,创造性地使用教材。

3. 评分标准

(1) 未能挖掘音乐教材的内涵,扣2~3分。

(2) 教学内容数量过多或过少,扣2~3分。

(五) 教具(4分)

1. 目的

测查应试人利用教具辅助教学的情况。

2. 要求

(1) 恰当使用教学媒体和教具、学具辅助教学。

(2) 结合教师自身情况合理使用钢琴等乐器。

3. 评分标准

不使用多媒体工具或乐器,扣2~4分。

(六)教学过程(60分)

1. 目的

测查应试人有目的、有组织、有计划地指导学生体验音乐、表现音乐的师生共同活动的过程。

2. 要求

(1) 有明显的规划性。

(2) 有足够的预见性。

(3) 有一定的创造性。

3. 评分标准

(1) 未体现新课标理念：以审美为核心,以兴趣爱好为动力,扣10~15分。

(2) 教学思路不够清晰,课堂结构不合理,时间分配不合理,扣10~15分。

(3) 环节目标不明确、要求不具体,操作性不强,扣6~10分。

(4) 教学容量不合理,扣5~10分。

(5) 不注重学生互动性,扣5~10分。

(七)作业设计(4分)

1. 目的

测查应试人作业设计的技巧,延伸本节课教学内容。

2. 要求

(1) 贴近学生实际,适度延伸音乐与其他学科的联系。

(2) 难度层次递进,有利于增进学生的音乐兴趣。

3. 评分标准

(1) 音乐课无作业,扣2~4分。

(2) 不切合学生实际,作业引起学生反感,扣2~4分。

(八) 板书设计(或课件制作)(4分)

1. 目的

测查应试人的板书技能。

2. 要求

(1) 与教学内容联系紧密、结构合理。

(2) 简洁、工整、美观、字体大小适当、无错别字。

(3) 若使用多媒体教学,必须熟练、有效,课件制作整洁优美、布局合理。

3. 评分标准

(1) 排版设计杂乱,扣2~4分。

(2) 书写不美观,有明显错别字,扣2~4分。

三、成绩评定

依据上述评分标准,根据《上饶师范学院关于师范生教师基本技能培训测试和成绩登记的实施细则》有关规定,舞蹈学专业师范生教学设计测试的成绩分优秀、良好、中等、合格和不合格,其中,同批次的不合格比例不低于30%(实行末尾淘汰制),优秀、良好、中等和合格的比例分别为20%、20%、20%和10%。技能测试评审组由三位评委组成。根据三位评委评定的成绩加和,由高分到低分按照上述比例确定同批次的成绩等级。

(音乐舞蹈学院编制)

0516　教学设计测试大纲(心理学)

通过开展教学设计,促使师范生加强相关理论学习,提升教学设计实践技能,为进入教师职场做好充分准备。本大纲规定中学心理健康类课程教学设计的测试内容、范围、题型及评分系统。

一、测试内容和要求

1. 教学目标设计。教学目标清楚、具体,易于理解,便于实施,行为动词使用正确,阐述规范;符合课标要求、学科特点和学生实际;体现对知识、能力与创新思维等方面的要求。

2. 学情分析。学生认知特点和水平表述恰当,学习习惯和能力分析合理。

3. 教学内容分析。教学内容前后知识点关系、地位、作用描述准确,重点、难点分析清楚。

4. 教学过程设计。紧扣教学目标的实现设置教学环节,总体环节完整,各环节之间呈现逻辑关系;环节内容紧扣教学目标的逐步实现,教师活动、学生活动及设计意图与目标之间有一一对应关系;时间分配基本合理。

5. 教学方法设计。教学方法清晰恰当,符合教学对象要求,有利教学内容完成、难点解决和重点突出。

6. 延伸设计。辅导与答疑设置合理,练习、作业、讨论安排符合教学目标,有助强化学生反思、理解和解决问题。

二、教学设计的实施

应试者现场随机抽取 1 课时中学心理健康教育教学内容,设计时间不超过 90 分钟,最终由评委给出测试分数。本测试的范围是江西省现用教材。

三、测试项目的权重

评价项目	评 价 标 准	权重
目标设计	教学目标清楚、具体,易于理解,便于实施,行为动词使用正确,阐述规范。	6 分
	符合课标要求、学科特点和学生实际;体现对知识、能力与创新思维等方面的要求。	6 分
内容分析	教学内容前后知识点关系、地位、作用描述准确,重点、难点分析清楚。	16 分
学情分析	学生认知特点和水平表述恰当,学习习惯和能力分析合理。	8 分
教学过程设计	教学主线描述清晰,教学内容处理符合课程标准要求,具有较强的系统性和逻辑性。	8 分
	教学重点突出,点面结合,深浅适度;难点清楚,把握准确;化难为易,处理恰当。	8 分
	教学方法清晰恰当,符合教学对象要求,有利教学内容完成、难点解决和重点突出。	8 分
	教学辅助手段准备与使用清晰无误,教具及现代化教学手段运用恰当。	4 分
	内容充实精要,适合学生水平;结构合理,过渡自然,便于操作;理论联系实际,注重教学互动,启发学生思考及问题解决。	4 分
	注重形成性评价及生成性问题解决和利用。	4 分

(续表)

评价项目	评价标准	权重
延伸设计	课时分配科学、合理；辅导与答疑设置合理，练习、作业、讨论安排符合教学目标，有助强化学生反思、理解和问题解决。	8分
文档规范	文字、符号、单位和公式符合标准规范；语言简洁、明了，字体、图表运用适当；文档结构完整，布局合理，格式美观。	8分
设计创新	教学方案的整体设计富有创新性，较好体现课程改革的理念和要求；教学方法选择恰当，教学过程设计有突出的特色。	12分

四、成绩评定

依据上述测试项目和权重，根据《上饶师范学院关于师范生教师基本技能培训测试和成绩登记的实施细则》有关规定，心理学专业师范生教学设计测试的成绩分优秀、良好、中等、合格和不合格，其中，同批次的不合格比例不低于30%（实行末尾淘汰制），优秀、良好、中等和合格的比例分别为20%、20%、20%和10%。技能测试评审组由三位评委组成。根据三位评委评定的成绩加和，由高分到低分按照上述比例确定同批次的成绩等级。

（教育科学学院编制）

0517　教学设计测试大纲(学前教育)

一、测试内容和要求

本测试的内容包括教学思路、教学目标、教学重点和难点、教学准备、教学过程的设计。

本测试测查应试人对于幼儿园教学活动的设计能力,属于常模参照考试。本大纲规定测试的方法、内容及评分标准。

本测试以笔试的方式进行,应试人当场抽取一个题目,在指定时间范围内,进行教学设计方案的撰写。

二、测试的实施

应试者现场随机抽取一份幼儿园教学活动设计,50分钟完成教学设计稿,课程内容为小班15分钟的课,中班25分钟的课,大班30分钟的课,最终由评委给出测试分数。

本测试的范围是江西省公立幼儿园现用教材,大中小班年龄段不限,活动主题不限。

三、教学设计的考核

(一) 教学思路的设计(10分)

测验应试人是否具有清晰的教学思路,对幼儿身心发展规律及年龄特点是否了解,对教学内容的选择是否恰当。

评 分 内 容	权重
教材分析：所选内容是否合适。	5分
学情分析：幼儿所处的年龄阶段和身心发展规律特点。	5分

(二) 教学目标的设计(20分)

测验应试人是否能够针对幼儿的学情制定合适的教学目标。

评 分 内 容	权重
科学性：是否符合幼儿身心发展规律及年龄特点。	7分
合理性：是否符合幼儿的最近发展区及发展需要。	7分
全面性：是否涵盖了认知、能力、情感三个维度。	6分

(三) 教学重难点的设计(10分)

测验应试人是否具备抓住和解决重难点的能力。

评 分 内 容	权重
重点分析：教学重点是否突出。	5分
难点分析：教学难点是否恰当。	5分

(四) 教学准备的设计(10分)

测验应试人是否能够为完成教学目标提供充分的准备。

评 分 内 容	权重
有效性：是否围绕教学目标。	3分
适宜性：是否适合幼儿使用。	3分
充分性：是否充足。	2分
全面性：是否兼具物质准备和经验准备。	2分

(五）教学过程(40 分)

测验应试人是否具备设计教学过程的能力。

评 分 内 容	权 重
科学性：是否符合幼儿的现有水平与学习特点。	5分
主体性：是否体现以幼儿为中心。	5分
完整性：是否包括导入、新授、巩固、结束与延伸等部分。	5分
有效性：是否围绕教学目标和重难点进行。	5分
层次性：是否重点突出、层次分明。	5分
流畅性：环节衔接是否设计合理、连贯。	5分
多样性：教学方法和组织形式是否多样。	5分
互动性：师生、生生之间是否有互动。	5分

(六）教学设计方案的撰写(10 分)

测验应试人是否具备教学设计方案的撰写能力。

评 分 内 容	权 重
规范性：格式是否规范。	3分
条理性：条理是否清楚。	3分
层次性：层次是否分明。	2分
整洁性：是否干净整洁。	2分

四、成绩评定

依据上述测试项目和权重,根据《上饶师范学院关于师范生教师基本技能培训测试和成绩登记的实施细则》有关规定,学前教育专业师范生教学设计测试的成绩分优秀、良好、中等、合格和不合格,其中,同批次的不合格比例不低于30％(实行末尾淘汰制),优秀、良好、中等和合格的比例分别为20％、20％、20％和10％。技能测试评审组由三位评委组成。根据三位评委评定的成绩加和,由高分到低分按照上述比例确定同批次的成绩等级。

(教育科学学院编制)

0518　教学设计测试大纲(小学教育)

小学教育专业教学设计测试测查应试人的教学设计规范程度、熟练程度,认定其教学设计水平等级。

依据《教师教育课程标准》(2011)、《小学教师专业标准》(2012)以及人民教育出版社出版的小学1~6年级语文、数学、英语教材内容,制定本大纲。

本大纲规定测试的内容、测试项目及评分标准。

一、测试内容

教学设计水平测试的内容包括前期分析、教学目标阐明、教学过程设计以及文档规范等四个方面。

教学设计水平测试范围是人民教育出版社出版的小学1~6年级语文、数学、英语教材内容。

二、测试项目的权重

(一) 前期分析(教材分析、学情分析、教学重难点分析)(20分)

测查应试人对教材分析、学情分析以及教学重点难点分析的正确程度。

1. 教材分析。明确教学内容的地位、作用,知识结构分析清晰、正确(10分)。

2. 学情分析。充分考虑学生基础知识、学习能力、认知风格、性格特征等多方面的差异,针对学生的特点设计教学过程(5分)。

3. 教学重难点分析。把握准确,切合学生实际,依据学生的认知特点和原有经验制定教学重难点,重点难点把握准确(5分)。

(二) 阐明教学目标(10分)

测查应试人对教学目标设定的正确程度。

1. 目标确定。目标确定应符合课程教学标准,包括知识与技能、过程与方法、情感态度价值观等三维目标(5分)。

2. 目标阐明。目标具有可操作性,可评价性,符合学科特点和学生认知规律,便于操作和检验(5分)。

(三) 教学过程设计(教学环节、学习方式、教学方法、教学媒体运用和教学资源开发、形成性评价、板书设计)(60分)

测查应试人教学过程设计的正确程度。

1. 教学环节设计。有层次,结构合理,过渡自然;教学环节中小步骤设计具体、时间分配合理;程序设计巧妙,符合学生认知特点和规律,有艺术性(20分)。

2. 学生学习方式。能体现新课程改革理念,运用探究、自主、合作等学习方式(10分)。

3. 教学方法选择。结合教学资源特点以及学生、教师实际,一法为主,多法配合,优化组合,突出重点,突破难点,突出本学科教学特点,符合学习者特征(15分)。

4. 教学媒体运用和教学资源开发。教学媒体运用恰当,有利于教学的实施,目标的实现,能自主开发教学资源(5分)。

5. 形成性评价。课堂小结完整、精炼、作业量适当;课堂时间分配合理(5分)。

6. 板书设计。紧扣教学内容,突出重点,思路清晰,有启发性;

言简意赅,表述准确;文图并茂,有艺术性(5分)。

(四) 文档规范(内容、排版)(10分)

测查应试人教学设计文档的规范性。

1. 内容完整,语言清晰、简洁,图表运用得当(5分)。

2. 排版格式规范,整齐美观,布局合理(5分)。

三、成绩评定

依据上述项目和权重,根据《上饶师范学院关于师范生教师基本技能培训测试和成绩登记的实施细则》有关规定,小学教育专业师范生教学设计测试的成绩分优秀、良好、中等、合格和不合格,其中,同批次的不合格比例不低于30%(实行末尾淘汰制),优秀、良好、中等和合格的比例分别为20%、20%、20%和10%。技能测试评审组由三位评委组成。根据三位评委评定的成绩加和,由高分到低分按照上述比例确定同批次的成绩等级。

(教育科学学院编制)

0519　教学设计测试大纲(生物科学)

中学生物教学设计技能测试,旨在检测生物科学专业的学生对中学生物学教学过程中的导课、提问、板书设计和结课等基本教学技能的掌握程度,对教学方法、教学手段和基本的教学理论灵活应用的熟练程度,以及能否合理地对教学过程进行设计,从而评定学生课堂教学设计的能力。本大纲规定测试的内容、范围、题型及评分系统。

中学生物教学设计技能测试以笔试方式进行,现场随机抽取初中或高中生物教材上的内容,在 90 分钟内完成 1 个课时(45 分钟)的教案。

一、测试内容

中学生物教学设计技能测试的内容是一堂 45 分钟课的教案,包括制定教学目标、确定教学重点和难点、选择教学方法和教学手段、设计教学过程(包括导课、教学内容组织、师生互动、结课和作业设计)、设计板书、安排教学时间以及文档的规范性等。

中学生物教学设计技能测试的范围是初中生物(七年级上下册、八年级上下册)、高中生物(必修 1、必修 2 和必修 3)。

二、测试试卷构成与评分标准(100分)

(一) 教学目标(10分)

1. 目的

测查学生能否正确确定和具体描述教学的三维目标(知识目标,能力目标,情感、态度与价值观目标)。

2. 要求

教学目标要全面、准确、具体,具有可操作性,符合教学大纲的要求;体现新课程目标要求,在知识、能力、情感态度与价值观等方面都能得到较好的体现。

3. 评分标准

(1) 只列出教学目标中的三维目标但无具体内容的扣2分。

(2) 缺少三维目标中任何一项内容的扣1分。

(3) 知识目标中出现"认识、了解、理解、掌握、把握"等笼统字眼的扣1分。

(二) 教学重点与难点(5分)

1. 目的

测查学生能否进行教材的分析和找出一堂课的重点和难点。

2. 要求

教学重点难点把握准确,层次分明,符合大纲和教材要求及学生实际,体现课程知识体系结构和内在的逻辑关系,教材分析透彻,有一定的广度和深度。

3. 评分标准

(1) 只列条目,无具体明确内容的扣2分。

(2) 重点难点无明显区别的扣1分。

(三) 教具和现代教育技术手段(5分)

1. 目的

测查学生对教具和现代教育技术手段的合理应用水平。

2. 要求

根据讲课内容和教学实际需要,恰当、合理选择使用教具和现代教育技术手段,重视实验演示、实践操作等环节。

3. 评分标准

(1) 没有使用教具或现代教学手段的扣1分。

(2) 使用不合理,使教与学的实际脱节的酌情扣1～2分。

(四) 教学方法(10分)

1. 目的

测查学生能否恰当地选择和熟练运用合适的教学方法,并能根据教学实际优化组合相关的教学方法。

2. 要求

教学方法选择恰当,灵活多样,符合教学内容、学科特点和学生实际,重视学生学习能力培养,体现让学生乐于学习、主动探究的原则,体现教师为主导学生为主体,突出学生自主性、合作性、探究性学习方式,体现课程教学改革的基本理念。

3. 评分标准

(1) 教学方法陈旧单一、死板单调,照本宣科、满堂灌的扣2分。

(2) 缺乏设计创新、形式主义、不便操作、脱离实际且课堂效率不高的扣2分。

(3) 选择的教学方法在授课过程中体现不明显的扣1分。

(五) 板书设计(5分)

1. 目的

测查学生能否完整找出一堂课的主要板书内容,并对板书进行合理布局。

2. 要求

条理清晰、规范、重难点突出,系统形象地揭示教学内容结构。层次清晰,文字精练,布局合理。

3. 评分标准

(1) 形式单一、缺乏创新、只列条目、无明确内容或不够精练规范的扣 1 分。

(2) 无课题或缺序号的扣 1 分。

(3) 布局不太美观,排列不整齐的扣 1 分。

(六) 教学时间安排(5 分)

1. 目的

测查学生能否合理有效分配一堂课的时间。

2. 要求

每个教学环节要有明确的时间分配,时间分配合理,与教学进度、课堂进程相对应。突出重点环节、重点教学内容。

3. 评分标准

(1) 无教学环节时间安排的扣 3 分。

(2) 时间分配不合理、不能突出重点环节和教学内容的扣 1 分。

(七) 作业辅导设计(5 分)

1. 目的

测查学生能否掌握作业辅导设计的能力。

2. 要求

按照教学大纲规定精心设计、合理筛选作业、实验、辅导答疑等课后延伸内容,作业布置形式多样、适度适量,符合学生实际,体现解决实际问题的能力。有明确的目的性和针对性,有练习价值,对学生的学习有指导意义。

3. 评分标准

(1) 无明确作业的扣3分。

(2) 题量太小、形式单一、多是机械记忆知识类或无练习价值的扣2分。

(八) 教学过程(45分)

1. 目的

测查学生能否把握一堂课的基本程序。

2. 要求

复习提问、引入新课、教学步骤和讲课内容、巩固练习、归纳总结、布置作业等各环节符合课标要求；导入自然贴切，生动有趣，有利于激发学生的学习兴趣；每课时教学环节完整、连贯、紧凑、层次分明、逻辑性强，能承上启下、理论联系实际；体现出师生双边互动，课堂提问难度适中，富有层次性；反映教学方法和教学手段的合理运用，对课堂教学有很好的指导作用。教学过程思路清晰，过渡自然，教学内容丰富，能围绕教学目标展开教学，注重知识的深化，有较强的应用意识。

3. 评分标准

(1) 教学环节不全，导课、内容讲解、结课、作业布置缺任意一环节的各扣5分。

(2) 有导课但与课堂内容不大贴切的扣1~2分。

(3) 有师生互动但不具体、单一重复的扣2分；层次性不强，没有反馈的扣2分；没有师生互动的扣5分。

(4) 只罗列知识点而看不出如何过渡衔接的扣3分；有过渡但衔接不自然的扣1分。

(5) 重点不突出，难点没有突破方法的扣2~3分。

(6) 无总结的扣 5 分;有总结但概括性不强、针对性差或主体性不强的扣 1～2 分。

(7) 教学过程思路不清晰,逻辑性不强的扣 6 分;教学内容没完全体现教学目标的扣 2～5 分。

(九) 教案的规范性(10 分)

1. 目的

测查学生能否规范地撰写 1 课时的教案。

2. 要求

书写整齐、文通辞达,尽量言简意赅,文图并茂,图表规范,有美感,使用规范文字、无错别字,板书设计科学合理。

3. 评分标准

(1) 书写潦草、错别字较多的扣 3 分。

(2) 版面设计不美观,图表随意、画不整齐的扣 3 分。

三、成绩评定

依据上述评分标准,根据《上饶师范学院关于师范生教师基本技能培训测试和成绩登记的实施细则》有关规定,生物科学专业师范生教学设计测试的成绩分优秀、良好、中等、合格和不合格,其中,同批次的不合格比例不低于 30%(实行末尾淘汰制),优秀、良好、中等和合格的比例分别为 20%、20%、20%和 10%。技能测试评审组由三位评委组成。根据三位评委评定的成绩加和,由高分到低分按照上述比例确定同批次的成绩等级。

(生命科学学院编制)

0601　说课测试大纲(数学与应用数学)

说课是师范生教学技能训练的重要内容。说课是教师口头表述具体课题的教学设计及其理论依据,即就指定教学内容阐述"教什么""怎么教"和"为什么这么教"。通过开展数学与应用数学专业师范生说课测试,提升说课技能,培养师范生扎实的教师基本功,促使师范生了解我国中学数学课程改革的理念、基础教育的现状、教学要求、课程目标等正在发生的深刻变化,加强教师教育理论学习。为此,鼓励数学与应用数学专业师范生在校期间参与说课测试。

一、测试内容和要求

1. 说教材。说清楚教材的地位、特点和作用;说明如何依据教材内容和学生情况来确定教学目标;说明如何精选教材内容,并合理地扩展和加深教材内容,通过一定的加工转化为教学内容;说明如何确定教学重点、难点和关键点。

2. 说教法。说明本节课所采用的最主要的教学方法及其所依据的教学原理;说明本节课所选择的一组教学方法、手段,以及对它们的优化组合及其理论依据;说明教师教法和学生学法之间的联系。

3. 说学法。说明如何依据教学内容、围绕教学目标指导学生宜采用怎样的学习方法学习它;说清这种学法的特点以及如何在课堂教学中实现;说清在教学中要做怎样的学法指导,怎样使学生在学习过程中达到学会的目标,怎样在教学过程中恰到好处地融入学法的指导。

4. 说教学流程。说明教学过程的整体结构和设计;说明教材展开的逻辑顺序、主要环节、过渡衔接及时间安排;说明依据教学内容,师与生、教与学、讲与练在教学过程的不同阶段是怎样协调统一;说清楚"教什么""怎么教"和"为什么这么教"。

5. 说课基本功。突出"说"字;把握"说"的方法;板书布局合理、字迹工整、重点突出、层次分明;语气得体、精炼准确;说出特点,说出风格。

二、测试的实施

师范生本人在第 4~6 学期提出申请,经数学与计算机科学学院审定同意后,由学院组织数学与应用数学专业师范生说课评委库专家,在现行中学数学学科(必修)教材中随机指定 1 课时教学内容,测试学生按指定教学内容准备 1 小时,在规定的时间内(10~15 分钟)现场说课,并提交相关材料,供测试考核用。

三、评分标准

测试内容	评 分 标 准	权重
说教材	讲清教材的地位、特点和作用;准确表述教学目标,可观察、可检测,符合大纲要求和学生实际;教学重点、难点、关键点准确。	20 分

(续表)

测试内容	评分标准	权重
说教法	教法选择及其理论依据,设计科学、合理,能体现新课程教学基本理念;面向全体、因材施教、主体突出,注重数学教学原则的合理运用;说明本节课所采用的最主要的教学方法及其所依据的教学原理;说明本节课所选择的一组教学方法、手段,对它们的优化组合及其理论依据。	20分
说学法	重视学法指导、学习习惯培养和学习能力提高;重视学习兴趣和情感培养,提升学生数学素养;教具、学具选用合理,符合本学科特点。	20分
说教学流程	课堂教学结构设计安排合理,教学思路清楚,设计意图明显,时间分配得当;知识点衔接逻辑性强,无遗漏;突破重难点科学,措施得当;教学各环节设计合理,能用教学理论加以阐述;教学过程充分体现"双主"教学思想,注重反馈、矫正环节,巩固教学成果,使学生对教学目标有较高的达成度;教具、学具、现代信息技术等运用合理;说清楚"教什么""怎么教"和"为什么这么教"。	30分
说课基本功	突出"说"字;把握"说"的方法;板书布局合理、字迹工整、重点突出、有层次性、指导性强;普通话及专业用语准确,语言规范、吐字清晰流畅、逻辑性强;仪表端庄、稳重,举止自然大方,表情丰富,富有修养,精力充沛。	10分

四、成绩评定

依据上述评分标准,根据《上饶师范学院关于师范生教师基本技能培训测试和成绩登记的实施细则》有关规定,数学与应用数学专业师范生说课测试的成绩分优秀、良好、中等、合格和不合格,其中,同批次的不合格比例不低于30%(实行末尾淘汰制),优秀、良好、中等和合格的比例分别为20%、20%、20%和10%。技能测试评审组由三位评委组成。根据三位评委评定的成绩加和,由高分到低分按照上述比例确定同批次的成绩等级。

(数学与计算机科学学院编制)

0602 说课测试大纲(计算机科学与技术)

说课是师范生教学技能训练的重要内容。说课是教师口头表述具体课题的教学设计及其理论依据,即就指定教学内容阐述"教什么""怎么教"和"为什么这么教"。通过开展计算机科学与技术专业师范生说课测试,提升说课技能,培养师范生扎实的教师基本功,促使师范生了解我国中学信息技术课程改革的理念、基础教育现实、教学要求、课程目标等发生的深刻变化,加强教师教育理论学习。为此,鼓励数学与应用数学专业师范生在校期间参与说课测试。

一、测试内容和要求

1. 说教材。说清楚教材的地位、特点和作用;说明如何依据教材内容和学生情况来确定教学目标;说明如何精选教材内容,并合理地扩展和加深教材内容,通过一定的加工转化为教学内容;说明如何确定教学重点、难点和关键点。

2. 说教法。说明本节课所采用的最主要的教学方法及其所依据的教学原理;说明本节课所选择的一组教学方法、手段,对它们的优化组合及其理论依据;说明现代化教学手段在信息技术教学中的运用;说明教师教法和学生学法之间的联系。

3. 说学法。说明如何依据教学内容、围绕教学目标指导学生宜采用怎样的学习方法学习它;说清这种学法的特点以及如何在课堂教学中实现;说清在教学中要做怎样的学法指导,怎样使学生在学习过程中达到学会的目标,怎样在教学过程中恰到好处地融入学法的指导。

4. 说教学流程。说明教学过程的整体结构和设计;说明教材展开的逻辑顺序、主要环节、过渡衔接及时间安排;说明依据教学内容,师与生、教与学、讲与练在教学过程的不同阶段是怎样协调统一的;说清楚"教什么""怎么教"和"为什么这么教"。

5. 说课基本功。突出"说"字;把握"说"的方法;板书布局合理、字迹工整、重点突出、层次性分明;语气得体、精炼准确;说出特点,说出风格。

二、测试实施

师范生本人在第 4~6 学期提出申请,经数学与计算机科学学院审定同意后,由学院组织计算机科学与技术专业师范生说课评委库专家,在现行中学信息技术基础教材中随机指定 1 课时教学内容,测试学生按指定教学内容准备 1 小时,在规定的时间内(10~15 分钟)现场说课,并提交相关材料,供测试考核用。

三、测试评价标准

测试内容	评 价 标 准	权重
说教材	讲清教材的地位、特点和作用;准确表述教学目标,可观察、可检测,符合大纲要求和学生实际;教学重点、难点、关键点准确。	20 分

(续表)

测试内容	评价标准	权重
说教法	教法选择及其理论依据,设计科学、合理,能体现新课程教学基本理念;面向全体、因材施教、主体突出,注重计算机科学教学原则的合理运用;说明本节课所采用的最主要的教学方法及其所依据的教学原理;说明本节课所选择的一组教学方法、手段,对它们的优化组合及其理论依据;说明现代化教学手段在信息技术教学中的运用。	20分
说学法	重视学法指导、学习习惯培养和学习能力提高;重视学习兴趣和情感培养,提升学生计算机科学素养;教具、学具选用合理,符合本学科特点。	20分
说教学流程	课堂教学结构设计安排合理,教学思路清楚,设计意图明显、时间分配得当;知识点衔接逻辑性强,无遗漏;突破重难点科学,措施得当;教学各环节设计合理,能用教学理论加以阐述;教学过程充分体现"双主"教学思想;注重反馈、矫正环节,巩固教学成果,使学生对教学目标有较高的达成度;教具、学具、现代信息技术等运用合理;说清楚"教什么""怎么教"和"为什么这么教"。	30分
说课基本功	突出"说"字;把握"说"的方法;板书布局合理、字迹工整、重点突出、有层次性、指导性强;普通话及专业用语准确,语言规范、吐字清晰流畅、逻辑性强;仪表端庄、稳重,举止自然大方,表情丰富,富有修养,精力充沛。	10分

四、成绩评定

依据上述评分标准,根据《上饶师范学院关于师范生教师基本技能培训测试和成绩登记的实施细则》有关规定,计算机科学与技术专业师范生说课测试的成绩分优秀、良好、中等、合格和不合格,其中,同批次的不合格比例不低于30%(实行末尾淘汰制),优秀、良好、中等和合格的比例分别为20%、20%、20%和10%。技能测试评审组由三位评委组成。根据三位评委评定的成绩加和,由高分到低分按照上述比例确定同批次的成绩等级。

(数学与计算机科学学院编制)

0603　说课测试大纲(物理学)

说课基本技能测试是测查应试人依据教育理论、课程标准、教材内容、学生情况和教学条件等,分析教学任务,陈述教学目标,讲述教学方案等的能力水平。说课基本技能测试以试讲和提问的方式进行,时间控制在15~20分钟。

一、测试内容与评分标准

内　容		评　分　标　准
说教材 (15分)	1. 说清课标对教材的要求,本课在单元中的地位及教材的思路和特点。 2. 对本课教材重点、难点、关键点的分析和把握。 3. 教学目标确定是否具体、明确、全面,有层次性。	
		优秀 (11~15分)	能依据课标的要求,对本课教学内容在单元中的地位和作用做出分析。能准确把握教材的思路、重点、难点和特点。教学目标编制具体、合理、全面,体现三维目标。符合学生实际,有个性特点。
		合格 (6~10分)	了解把握教材,能确定教学重点、难点,确定教学目标基本合理。
		不合格 (0~5分)	把握不住教材,抓不住重点、难点和特点。确定的教学目标不准确、不合理。

(续表)

内容		评分标准	
说学情 (12分)	1. 分析学生的知识基础、生活经验背景、能力起点。 2. 分析学生年龄特点、对本课程的兴趣和学习态度。	优秀 (9~12分)	在说课设计中能依据教育学、心理学的原理,分析学生知识基础、年龄特点、生活经验与背景、兴趣等。
		合格 (5~8分)	以教师讲授为主,适当考虑学生的基础、知识背景、年龄特点、兴趣及学习态度。
		不合格 (0~4分)	不了解、不分析学情,完全从自身讲授考虑。
说教法和学法 (20分)	1. 教法针对教材、学生实际,运用灵活恰当。一法为主,多法配合,激发学生多种感官活动。 2. 体现师生、生生互动,以学生为主体,以教师为主导。 3. 教具、学具、板书等的准备与使用。	优秀 (15~20分)	教法选择符合教材、学生实际,一法为主、多法配合,多种指导。教学思路清晰,教学充分体现学生主体地位,生生、师生互动,特别是注意到物理学科的特点,能够运用演示性、探究性实验,影像、多媒体等现代教学手段,注重学习指导。
		合格 (8~14分)	教法贴近学生和教材实际,在教师讲授基础上适当体现生生互动、师生互动,能够运用板书、影像、多媒体手段。
		不合格 (0~7分)	教法僵硬,脱离学生、教材实际,单一枯燥死板,缺乏学习指导。

(续表)

内容		评分标准	
说教学过程(28分)	1. 教材组织处理得当,教学思路清晰。 2. 导入、新授、练习、结课、作业等教学环节的设计环环相扣,过渡自然。 3. 教学过程设计新颖巧妙,有个性特点。	优秀 (20~28分)	教材组织处理得当,教学思路清晰,导入、新授、练习、结课等各教学环节设计合理,过渡自然。教学设计新颖、独特。注意到对演示性、探究性实验以及影像、多媒体等现代教学手段的操作要领、注意事项、时间把控等的介绍。
		合格 (11~19分)	教学过程各环节设计合理,有一定的节奏。
		不合格 (0~10分)	教学过程杂乱无章,思路混乱。
综合素质(25分)	1. 教态端庄自然,讲述生动,课堂调控能力强。 2. 语言表达简明、条理清晰、重点突出。 3. 应变能力强,具备一定课堂教学艺术水平。	优秀 (20~25分)	教态端庄自然,讲述生动。语言表达简明、条理清晰、重点突出,应变能力强,课堂调控能力强。注意运用演示性、探究性实验,影像、多媒体等现代教学手段,出现变故时,能有效把控。
		合格 (10~19分)	条理基本清晰,具有一定的课堂控制能力,教态一般。
		不合格 (0~9分)	教态不自然,表达不够清晰,课堂控制能力弱。

二、成绩评定

依据上述评分标准,根据《上饶师范学院关于师范生教师基本技能培训测试和成绩登记的实施细则》有关规定,物理学专业师范生说课测试的成绩分优秀、良好、中等、合格和不合格,其中,同批次的不合格比例不低于30%(实行末尾淘汰制),优秀、良好、中等和合格的比例分别为20%、20%、20%和10%。技能测试评审组由三位评委组成。根据三位评委评定的成绩加和,由高分到低分按照上述比例确定同批次的成绩等级。

(物理与电子信息学院编制)

0604　说课测试大纲(教育技术学)

本测试旨在提供教育技术学专业师范生说课能力测试要领,促进教育技术学专业师范生说课能力的提高。制定本大纲的理念是:细化评价指标,追求可测性;明晰测试对象,具有适宜性;突出主导技能,强化教学性;发挥激励功能,体现引领性。

一、测试内容

中学教育技术课程师范生说课能力测试包括:课程标准解读、教材分析、学情分析、教学设计分析、说课语言、说课仪态、时间控制、特色与创新。

二、测试评价标准

要求说"准"教材,说"明"教法,说"会"学法,说"清"教学意图,说"清"教学层次;15分钟内完成测试的8项内容。

一级指标及权重	二级指标	具体要求
课标解读 (6分)	总目标	培养和提升学生的信息素养。
	理念渗透	体现基础教育信息技术课程理念、原理的灵活运用。

(续表)

一级指标及权重	二级指标	具体要求
学情分析 (6分)	学习需求	准确陈述说课的课型并陈述学习需要,着重陈述学习者起点分析和学习者的终点认识。
	思维认知	学生思维认知特征分析。
	困难预期	学生学习困难预期。
教材分析 (15分)	教材地位	准确陈述本节内容在整个教材中的地位;分析学生的知识基础是否符合教材内容,前后知识点的联系等。
	教学目标及依据	从新课改的三维目标出发,学习目标分析准确透彻。
	教学重点难点	准确陈述教学内容的范围、深度和重难点。
教学方法分析 (10分)	教学策略	详细解说教学策略,并且制定的教学策略是面向全体学生的,体现情感化和技术化。
	学习策略	详细解说如何创造多样化的学习方法,提供自主探索的途径。
教学媒体分析 (5分)	准确描述教学环境。	
	准确陈述教学媒体的选择。	
教学设计分析 (40分)	流程设计	准确陈述教学结构和教学环节,各环节衔接和过渡自然。
	活动设计	准确陈述教学交互活动的设计。
	板书设计	准确陈述板书设计,板书设计合理、科学和美观。
	创新设计	教学设计过程体现创新性。
个人素质展示 (8分)	说课语态	语言要清晰、简练、确切,语速要适中。
	说课仪态	说课时教态自然、亲切、大方,动作协调。

(续表)

一级指标及权重	二级指标	具 体 要 求
个人素质展示(8分)	说课板书	说课时板书层次分明、字迹工整、美观、大方,设计合理。
说课稿(10分)		格式规范、设计合理、简明扼要。

具体要求如下:

(一) 课标分析(6分)

1. 总目标。培养和提升学生的信息素养。

2. 理念渗透。体现基础教育信息技术课程理念、原理的灵活运用。

(二) 学情分析(6分)

1. 学习需求。准确陈述说课的课型并陈述学习需要,着重陈述学习者起点分析和学习者的终点认识。

2. 思维认知。学生思维认知特征分析。

3. 困难预期。学生学习困难预期。

(三) 教材分析(15分)

1. 教材的地位。准确陈述本节内容在整个知识系统中的地位;本节内容在整个教材中的地位;与学生的知识基础是否相符;前后知识点联系等。

2. 教学目标及依据。从新课改的三维目标出发,学习目标分析准确透彻。

3. 教学重难点。准确陈述教学内容的范围、深度和重难点。

(四) 教学方法分析(10分)

1. 教学策略。详细解说教学策略,并且制定的教学策略是面向全体学生的,体现情感化和技术化。

2. 学习策略。详细解说如何创造多样化的学习方法,提供自主探索的途径。

(五) 教学媒体分析(5分)

1. 准确描述教学环境。

2. 准确陈述教学媒体的选择。

(六) 教学设计分析(40分)

1. 流程设计。准确陈述教学结构和教学环节,各环节衔接和过渡自然。

2. 活动设计。准确陈述教学交互活动的设计。

3. 板书设计。准确陈述板书设计,板书设计合理、科学和美观。

4. 创新设计。教学设计过程体现创新性。

(七) 个人素质展示(8分)

1. 说课语态。语言要清晰、简练、确切,语速要适中。

2. 说课仪态。说课时教态自然、亲切、大方,动作协调。

3. 说课板书。说课时的板书层次分明、字迹工整、美观、大方,设计合理。

(八) 说课稿(10分)

格式规范、设计合理、简明扼要。

三、成绩评定

依据上述评分标准,根据《上饶师范学院关于师范生教师基本技能培训测试和成绩登记的实施细则》有关规定,教育技术学专业师范生说课测试的成绩分优秀、良好、中等、合格和不合格,其中,同批次的不合格比例不低于30%(实行末尾淘汰制),优秀、良好、中等和合格的比例分别为20%、20%、20%和10%。技能测试评审组由三位评委组成。根据三位评委评定的成绩加和,由高分到低分按照上述比例确定同批次的成绩等级。

(物理与电子信息学院编制)

0605　说课测试大纲(化学)

说课技能测试旨在综合考评应试人员的学科专业知识、钻研课程标准能力、教材分析能力、教学设计能力、语言表达能力、对教育理论知识及教学理念的实际应用能力等,采用口试方式进行,总分为 100 分,其中,说课内容 70 分,素养表现 20 分,答辩 10 分。

一、测试内容与评分标准(总分 70 分,限时 12 分钟)

(一)说教材(15 分)

1. 要求

(1)说明课程标准对本节课教学内容的要求、本节课内容在教材体系中的地位和作用、教材的编排思路和特点。

(2)确定教学目标要全面、具体、明确、有层次性,体现三维目标。

(3)确定教学重点、难点,并说明确定依据。

(4)明确课时安排。

2. 评分标准

(1)能根据课程标准的要求,对本节课教学内容在教材体系中的地位和作用进行分析。能准确把握教材的思路、重点、难点、特点。教学目标的确定合理、全面、具体,体现三维目标,符合学生实际，课时安排正确(12～15分)。

(2) 基本上能把握教材，教学重点、难点的确定基本正确，教学目标、课时的确定基本合理(8～11分)。

(3) 把握不住教材，抓不住重点、难点，确定的教学目标不合理，课时的确定不正确(0～7分)。

(二) 说教法(10分)

1. 要求

(1) 教法要针对教材、学生实际，灵活多样。一法为主，多法配合，调动学生的多种感官。

(2) 说明本节课教法的选择及依据，教法要体现师生、生生互动，以学生为主体，以教师为主导的教学理念。

(3) 明确教学用具，说明教学手段及依据。

2. 评分标准

(1) 教法选择符合教材、学生实际，一法为主，多法配合，教法充分体现学生主体地位，生生、师生互动充分，能恰当地结合现代教学手段，注重学习指导，能正确确定教学用具(8～10分)。

(2) 教法贴近教材、学生实际，在讲授的基础上适当体现师生、生生互动，能运用板书或现代教学手段，教学用具的确定基本正确(5～7分)。

(3) 教法僵硬，脱离教材、学生实际，对学生的学法指导没有帮助，不会应用现代教学手段，教学用具的确定不正确(0～4分)。

(三) 说学情(10分)

1. 要求

(1) 分析学生的知识基础、生活经验与背景、能力起点。

(2) 恰当运用教育学、心理学理论分析学生的年龄特点、心理认知特点及对本节课内容的学习兴趣、学习态度。

2. 评分标准

(1) 能较好地运用教育学、心理学的理论,分析学生的年龄特点、认知特点、生活经验与背景、学习兴趣等;能准确分析学生的知识基础、能力起点(8~10分)。

(2) 能适当考虑学生的年龄特点、认知特点、生活经验与背景、学习兴趣及知识基础(5~7分)。

(3) 不了解、不分析学生的学情,完全从教师的角度进行说课(0~4分)。

(四) 说教学过程(30分)

1. 要求

(1) 教学思路清晰,教材组织处理得当。合理设置教学情境、演示等活动,体现自主探究及合作学习精神。

(2) 新课导入、讲授、练习、结课、布置作业等教学环节的设计完整有序、环环相扣、过渡自然。

(3) 教学内容丰富,教学过程设计新颖巧妙、有创新、有个性特点。

2. 评分标准

(1) 教学思路清晰,教材组织处理得当,新课导入、讲授、练习、结课、布置作业等教学环节的设计完整有序、环环相扣、过渡自然。教学情境、演示等活动丰富,能充分体现自主探究及合作学习精神。教学设计新颖、有个性特点(24~30分)。

(2) 教学过程各环节完整且教学设计合理,有一定的节奏,设置了教学情境、演示等活动,能体现自主探究及合作学习精神(15~23分)。

(3) 教学过程设计杂乱无章,思路混乱,未设置教学情境、演示等活动,不能体现自主探究及合作学习精神(0~14分)。

(五) 说板书设计(5分)

1. 要求

(1) 板书设计言简意赅、布局合理、整体效果好。

(2) 粉笔字书写规范、正确、熟练。

2. 评分标准

(1) 板书设计言简意赅、布局合理、整体效果好,粉笔字书写规范、美观、正确(4~5分)。

(2) 板书设计缺少创新性,粉笔字工整,书写规范有待加强(2~3分)。

(3) 字迹潦草、书写较慢、板书设计混乱无章(0~1分)。

二、说课技能测试过程素养表现(20分)

(一) 仪表与教态(10分)

1. 要求

(1) 教态自然、仪表端庄、着装得体。

(2) 举止大方、有激情、沉稳自信。

2. 评分标准

(1) 着装得体,教态亲切自然,举止大方,沉稳自信(8~10分)。

(2) 着装得体,举止神情略有紧张(5~7分)。

(3) 不修边幅,神情紧张,语无伦次,教态失常(0~4分)。

(二) 语言表达(10分)

1. 要求

(1) 语言表达流畅、准确,说普通话,口头语言与肢体语言配合较好。

(2) 语调抑扬顿挫、有感染力。

2. 评分标准

(1) 脱稿说课,语言表述流畅准确、清晰,说普通话,语调抑扬顿挫,口头语言与肢体语言配合较好(8~10 分)。

(2) 基本能脱稿说课,教学语言基本能完成教学任务,口头语言能配合肢体语言(5~7 分)。

(3) 照着说课稿念,普通话不标准,语言表达混乱不清,有明显语病,没有肢体语言、表情木讷(0~4 分)。

三、答辩(提问两题,每题 5 分,共 10 分)

1. 要求

(1) 专业知识掌握准确、扎实,系统性强,有前沿性。

(2) 针对教师职业有深刻的理解和认识,思路开阔、清晰,思维敏捷,表达流畅,应变能力强。

2. 评分标准

(1) 热爱教师职业,有宽广深厚的知识功底,有很强的语言组织能力、表达能力和应变能力,逻辑性强(8~10 分)。

(2) 对教师的职业理解和认识基本正确,知识无明显错误,思维反应正常,有一定的应变能力,语言表达流畅、有条理性(5~7 分)。

(3) 对教师职业的认识理解不够,无长期从事教师职业的理想。专业知识掌握得不够系统,错误较多。无应变能力,思维跳跃,混乱,表述不清(0~4 分)。

四、成绩评定

依据上述评分标准,根据《上饶师范学院关于师范生教师基本技能培训测试和成绩登记的实施细则》有关规定,化学专业师范生说课测试的成绩分优秀、良好、中等、合格和不合格,其中,同批次的不合格比例不低于30%(实行末尾淘汰制),优秀、良好、中等和合格的比例分别为20%、20%、20%和10%。技能测试评审组由三位评委组成。根据三位评委评定的成绩加和,由高分到低分按照上述比例确定同批次的成绩等级。

(化学与环境科学学院编制)

0606　说课测试大纲（汉语言文学）

语文学科说课是在一定的场合下，教师依据教育理论、教学大纲、教材内容、学生情况、教学条件等，分析教学任务，陈述教学目标，讲说教学方案，然后让听者评说，达到共同提高之目的的教学研究形式。说课的内容是：教材分析、教学程序、教学方法、课堂教学评价的设计及其设计依据，即通常所说的说教材、说学情、说教法、说学法、说教学程序、说板书设计等内容。

一、语文说课的主要内容和要求

1. 具体内容

(1) 说教材：说课文的地位与作用；教学目标；重点难点。

(2) 说学情：学生年龄心理特点、已有的知识水平及对学习的优劣势分析；应对措施。

(3) 说教法：教学方法的科学选择及理论根据；科学合理地使用教学手段；学生自主学习、自主发展落到实处。

(4) 说学法：渗透学法指导，有具体依据；有利于培养学生实践能力和创新精神。

(5) 说教学过程：教学过程步骤清晰、自然、逻辑性强；课堂结构合理；重视学生主体性，体现学法指导和能力培养；突出重点、突破难点方法得当。

（6）说板书设计：板书设计与教学目的、重难点匹配；布局合理美观；解说清晰，评价合理。

2. 具体要求

（1）防止说课变质，既不能把说课变成"试教"或"压缩式上课"，也不要把说课变成宣读教案或简述讲课要点。

（2）在说教学程序设计时，所采用的方式、方法、手段，必须有充分的理论依据或较成熟的个人观点。

（3）在说教法和学法的同时，要针对这堂课特定的内容充分说明所选择的教法及对学生传授这种学法的理由，对相关的教学原则和教学规律应十分熟悉。

（4）说课过程中，尽量展示先进和现代的教育思想。

（5）在竞赛类的说课过程中，避免套用一知半解的思想、方法等，只有深刻理解才能活用，只有活用才能自圆其说。

（6）一个完整的说课要做好问题准备，评价者往往以此来定位说课者的教学素质、教育修养。

（7）在有时间限定的情况下，不必追求面面俱到，但重点部分一定要说透。

（8）教师基本功要求：普通话标准流利，表达准确；教态自然大方；字体工整。

二、语文说课的实施

师范生在第4、6学期自选学段（原则上语文教育专业选初中，汉语言文学专业选高中；亦可根据就业实际情况选择），根据教材内容自选2~3篇不同文体的课文进行说课，并以此为依据进行微格训练或在班级进行分组展示。

三、语文说课的评分标准(100分)

(一) 根据指定的教学内容现场说课一例。

(二) 语文说课评价标准见下表。

项目	内容	评价标准	权重
说教材	1. 确定目标 2. 确定重点 3. 确定难点 4. 教材处理	1. 说明本节课内容所处位置、前后内容的衔接、在教材中的地位和作用。 2. 教学目标明确、具体、全面、恰当,符合新课程标准、教材和学生实际。包括知识和技能、过程和方法、情感、态度和价值观的培养。 3. 准确说明本课的重点、难点、关键。 4. 教材处理符合教学目标,寓职业道德教育于教学之中。	25分
说学情	1. 学生生理 2. 学生心理 3. 知识基础	1. 分析学生的生理、心理基础,即该内容与学生现时的年龄特点的适应性,若不适应则作如何处理。 2. 分析学生原有的认知基础,即学生具备的与该内容相联系的知识点、技能、方法、能力。 3. 分析学生群体中的个体差异,如何对班级中不同层次学生分层递进,从而达到整体推进。 4. 分析学生掌握教学内容所具备的学习技巧,以及是否具备学习新知识所必须掌握的技能和态度。	10分

(续表)

项目	内容	评价标准	权重
说教法、说学法	1. 教法设计 2. 学法设计 3. 手段选用	1. 教法设计要体现以学生为主体，有利于落实教学目标。 2. 教学内容科学严谨，重点突出，分析简练、条理清晰，问题设计难易适度，符合认知规律。 3. 针对重点、难点设计教法，教学方法灵活多样，运用多种手段，引导学生自主学习、合作学习，注重能力培养。 4. 体现对学生"自主、合作、探究"学习方式的引导。 5. 体现理论联系实际，注重动手能力的培养，专业技能训练到位。 6. 选用教具合理，符合学生特点和本学科特点。	20分
说教学程序	1. 环节设计 2. 教学手段 3. 时间安排 4. 效果预估	1. 课堂教学结构设计合理，教学思路清楚，实践分配得当。 2. 课堂教学活动突出学生主体性及多向互动。 3. 突出重、难点的有效解决过程。 4. 体现专业技能训练方法的可行性。 5. 现代教学手段的合理利用（制作课件）。 6. 对学生进行恰当有效的评价，合理设计教学反馈环节，预估教学效果。	35分
说板书设计	1. 板书内容 2. 板书布局 3. 板书评价	1. 板书设计与教学目标、重点难点匹配。 2. 布局合理，简洁美观。 3. 解说清晰，评价合理。	5分

(续表)

项目	内 容	评 价 标 准	权重
教师基本素质	1. 语言表达 2. 仪表举止 3. 个人风格 4. 板书设计	1. 普通话标准，表述具体、充实，层次清楚，语言简练清晰，逻辑性强，富有感染力。 2. 仪表端庄、稳重，举止自然大方，表情丰富，富有修养，精力充沛。 3. 应变和调控课堂能力强，教学有风格。 4. 板书设计合理，有层次，重点突出，字迹工整、准确、美观。	5分

四、成绩评定

依据上述评分标准，根据《上饶师范学院关于师范生教师基本技能培训测试和成绩登记的实施细则》有关规定，汉语言文学及语文教育专业师范生说课测试的成绩分优秀、良好、中等、合格和不合格，其中，同批次的不合格比例不低于30%（实行末尾淘汰制），优秀、良好、中等和合格的比例分别为20%、20%、20%和10%。技能测试评审组由三位评委组成。根据三位评委评定的成绩加和，由高分到低分按照上述比例确定同批次的成绩等级。

（文学与新闻传播学院编制）

0607　说课测试大纲（思想政治教育）

思想政治教育专业说课测试主要测查应试者对教材体系、教学目标、教学程序等环节的设计组织与理论依据的掌握及其运用程度，以及对中学学情和教学内容的掌握和熟悉程度。本大纲规定测试的内容、范围以及评分标准。

一、测试内容与要求

思想政治教育专业说课测试的范围包括初中道德与法制（七年级～九年级）、高中思想政治必修课（经济生活、政治生活、文化生活、生活与哲学）的内容。思想政治教育专业说课测试的环节主要包括说教材、说学情、说教学目标、说教法、说学法、说重点难点、说教学过程等。具体的测试内容是：

环节	内容	要求
导语	问候语、教材版本、课题名称、说课提纲、说课人信息。	完整扼要。
教材分析	内容体系、地位与作用。	准确、透彻。
学情分析	学生的年龄及心理特征、社会生活经验、现有的知识结构。	科学准确、符合实际。
教学方法	教法类型、对象目标、理由依据。	有启发性、针对性、可操作性。

(续表)

环节	内　容	要　求
学法指导	学法的内容、功能及操作步骤。	有针对性、简便实用。
教学目标	知识、能力、情感三维教学目标的内容及依据。	全面准确、层次分明、逻辑缜密、切实可行。
重点难点	重难点的内容及确定依据。	把握准确、层次清晰。
教学程序	环节安排、时间分配、操作程序。	层次清晰、科学合理。
新课导入	选择形式、程序步骤。	新颖恰当、有启发性、导向性。
新课讲授	内容步骤、操作程序、环节组织。	层次清晰、秩序井然、组织严密、节奏明快。
课堂小结	小结的方式、目的与功能。	形式恰当、融会贯通、目的明确。
作业设计	设计作业的内容、形式、目的。	有针对性、启发性、现实性。
板书设计	板书的形式及优势。	结构美观、干净整洁。

二、测试评分标准

评分项目	评　分　标　准	权重
导　语	导语要完整包含问候语、说课人、教材版本、课题名称、说课提纲等信息。	3分
教材分析	对教材的内容体系、地位、作用分析准确透彻，对所说课在教材体系及所在章节中的地位、作用及内容结构把握准确。	7分
学情分析	全面掌握学生的年龄及心理特征、社会生活经验、现有的知识结构，阐述清楚本课内容与学情之间的联系。	4分

(续表)

评分项目		评 分 标 准	权重
教学方法		选用的教学方法具有启发性、针对性和可操作性，灵活多样，运用合理。符合课的内容特点，贴合学生实际，说明所用教法的目标知识点及理论依据。	6分
学法指导		结合课的内容和学生的学习实际对学生进行预习、复习、解题方法的指导。激发学生参与课堂的主动性与积极性，从方法上就如何搜集、分析、利用学习资料对学生作指导。	5分
教学目标		对知识、能力、情感的三维教学目标把握全面准确，符合课程标准及大纲的要求，贴近学生实际，切合考试命题方向。阐释清楚设计教学目标的理论及现实依据。	9分
重点难点		对重点难点的界定及把握准确，符合课程标准及大纲的规定，并分析说明确定重、难点的理论与现实依据及突出重点和突破难点的方法、途径。	8分
教学过程	教学程序	说明课堂的各环节安排及设计目的、时间分配和操作程序。	4分
	导　入	说明采用的导入类型及依据，形式新颖恰当，符合教学内容及学情特点。	4分
	新课讲授	从程序上说清如何运用既定的教学方法，突出重点、突破难点，完成教学任务，实现教学目标。	9分
	课堂小结	说明课堂小结环节设计的目的与功能，实现对教学内容的融会贯通与升华，落实情感态度与价值观目标。	4分
	作业设计	从形式、题量、难易度等方面说清作业设计的目的、意义、要求及反馈。	4分
	板书设计	从课的内容特点、学情角度说清采用何种板书形式以及此种形式的优势。（注：如运用多媒体进行课堂教学就不要求对本环节进行说明，相应分值划入课件设计。）	3分

(续表)

评分项目	评分标准	权重
现场答辩	回答思路清晰，逻辑缜密，表达流畅，表述准确，符合问题要求。	10分
课件设计	总体设计科学、合理，有独创性。版面设计规范，图画清晰，生动具体，符合教学需求，教学功能强，便于操作。	10分
教学仪态	语言表达准确规范、流畅清晰，肢体表情运用得当，富有启发性、感染力。仪态自然亲切，端庄大方，总体时间控制在10至15分钟。	10分

三、成绩评定

依据上述评分标准，根据《上饶师范学院关于师范生教师基本技能培训测试和成绩登记的实施细则》有关规定，思想政治专业师范生说课测试的成绩分优秀、良好、中等、合格和不合格，其中，同批次的不合格比例不低于30%（实行末尾淘汰制），优秀、良好、中等和合格的比例分别为20%、20%、20%和10%。技能测试评审组由三位评委组成。根据三位评委评定的成绩加和，由高分到低分按照上述比例确定同批次的成绩等级。

（政治与法律学院编制）

0608　说课测试大纲(英语)

英语学科说课测试旨在测查应试人在分析教学对象和教学材料的基础上，运用系统方法安排教学诸要素，形成教学流程，以简明、准确、形象的语言阐释教学设计和设计依据的能力，以及英语口头表达的规范和熟练程度。本大纲规定测试的内容、范围和评分系统。

英语学科说课测试以口试方式进行。

一、测试内容

英语学科说课测试的内容包括教材分析、学情分析、教学目标、教法学法分析、教学程序和板书设计，以及教师说课的基本素养。

英语学科说课测试的范围是江西省中小学使用的英语教材，即人民教育出版社出版的义务教育教科书《英语》各册和普通高中课程标准实验教科书《英语》各册。

二、测试内容及评分标准

(一) 教师基本素养(15分)

1. 目的

测查应试人对教师形体语言的把握能力和英语口语的熟练程度。

2. 要求

(1) 仪态举止自然得体,体现出良好的精神风貌。

(2) 英语口语表达规范,语言自然流畅。

3. 评分标准

(1) 着装整洁、得体,仪态自然、大方、亲切,精神饱满(3分)。

(2) 举止得体,能配合适当的教学肢体语言(2分)。

(3) 英语语音清晰准确,语调自然流畅,语言简洁,能脱稿阐述(10分)。

(二) 教材分析(12分)

1. 目的

测查应试人对教材的把握和感悟程度,对本课内容在整个教材体系中地位和作用的理解程度。

2. 要求

(1) 准确理解教材内容,把握其地位和作用,并对教学内容有合理的课型和课时安排。

(2) 对教学重点难点的理解和把握准确。

(3) 能融合相应的教育学原理或英语教学法理论进行分析。

(4) 英语口语表达规范,语言自然、流畅、简洁,具有逻辑性。

3. 评分标准

(1) 全面透彻理解本课内容,正确把握其在整个教材体系中的地位、作用或意义(3分)。

(2) 有准确的课型定位与合理的课时安排(2分)。

(3) 准确合理定位教学重点难点(4分)。

(4) 以相应的教育学原理或英语教学法理论为理论依据,阐述具有逻辑性(3分)。

(5) 英语语音、词汇和语法错误酌情扣分。

(三) 学情分析(10分)

1. 目的

测查应试人对学生已有语言知识和技能、认知规律、学习方法等方面的掌握程度。

2. 要求

(1) 能客观分析学生的语言能力、认知规律、年龄特征和学习方法等已有知识经验。

(2) 英语口语表达规范,语言自然、流畅、简洁,具有逻辑性。

3. 评分标准

(1) 客观阐述学生已有的知识技能水平,以及与本课内容相关的知识技能差距(4分)。

(2) 能结合学生的年龄特征、认知规律和兴趣等进行分析,注意到个体差异(3分)。

(3) 有相应的教育学原理或英语教学法理论作为理论依据,阐述具有逻辑性(3分)。

(4) 英语语音、词汇和语法错误酌情扣分。

(四) 教学目标(10分)

1. 目的

测查应试人根据新课标的基本理念,对具体教学目标的制定能力和陈述水平。

2. 要求

(1) 注重学生综合语言运用能力的培养,制定明确、合理的各项教学目标,可操作性强,并且体现出与教学内容的有机整合。

(2) 英语口语表达规范,语言自然、流畅、简洁,具有逻辑性。

3. 评分标准

(1) 体现出合理的语言知识、技能目标(4分)。

(2) 体现出合理的学习策略目标(2分)。

(3) 体现出合理的情感态度和文化意识目标(2分)。

(4) 有相应的新课程标准理念或英语教学法理论作为理论依据,阐述具有逻辑性(2分)。

(5) 英语语音、词汇和语法错误酌情扣分。

(五) 教法学法分析(15分)

1. 目的

测查应试人依据教材、教学目标和学情,对教学方法/模式/思想和教学媒体的合理选择和运用的能力,以及指导学生使用科学有效的学习方法/策略的能力。

2. 要求

(1) 合理选择教学方法,并优化组合,体现出与教学内容和目标的有机整合。恰当有效地选择教学媒体,考虑对教学的适应性。

(2) 准确阐述指导学生使用科学有效的学习方法/策略。

(3) 英语口语表达规范,语言自然、流畅、简洁,具有逻辑性。

3. 评分标准

(1) 教学方法的选择科学合理,符合教材特点和学生实际,具有启发和引导性(3分)。

(2) 教学方法的选择利于营造交流互动的语言学习环境,促进主动与合作学习(3分)。

(3) 教学媒体的选择灵活多样,体现传统和现代教育技术的有效整合(3分)。

(4) 选择科学有效的学习方法/策略指导学生(3分)。

(5) 有相应的新课程标准理念或英语教学法理论作为理论依据,阐述具有逻辑性(3分)。

(6) 英语语音、词汇和语法错误酌情扣分。

(六) 教学程序(30 分)

1. 目的

测查应试人依据教学目标和学情,整合教学内容,实施课堂教学整体设计的综合水平。

2. 要求

(1) 清晰阐述教学过程的具体操作,教学步骤安排合理,教学活动设计科学。

(2) 恰当选择教学方法或策略,并优化组合,体现出与教学内容和目标的有机整合。

(3) 课堂活动围绕教学目标进行,促进学生综合语言运用能力的提高。

(4) 英语口语表达规范,语言自然、流畅、简洁,具有逻辑性。

3. 评分标准

(1) 教学活动紧扣教学目标,设计科学合理,符合学生的认知规律(6 分)。

(2) 教学步骤安排恰当,结构严谨,层次清楚,各环节的衔接和过渡自然(5 分)。

(3) 教学方法科学有效,运用多种教学媒体,促进主动学习和合作学习(4 分)。

(4) 课堂组织形式多样,促进综合语言运用能力的发展,有引导性和趣味性(5 分)。

(5) 能抓住关键,突出重点,突破难点(4 分)。

(6) 有一定的教学特色或教学亮点(2 分)。

(7) 有相应的新课程标准理念或英语教学法理论作为理论依据,阐述具有逻辑性(4 分)。

(8) 英语语音、词汇和语法错误酌情扣分。

(七) 板书设计(8分)

1. 目的

测查应试人依据教学需要,将部分教学内容转化为文字、图形等形式,通过合理的布局,准确简洁地展示给学生的能力。

2. 要求

(1) 板书具备计划性,科学规划板书的内容和格式,结构合理。

(2) 板书具备条理性,层次清楚、条理分明,直观简洁。

(3) 板书具备示范性,书写规范准确,工整美观。

3. 评分标准

(1) 板书设计与教学内容紧密结合,结构布局合理(2分)。

(2) 板书内容精要,层次分明,有条理,重点难点突出(2分)。

(3) 板书工整美观,书写规范准确(2分)。

(4) 说明板书的设计意图,阐述具有逻辑性(2分)。

(5) 英语语音、词汇和语法错误酌情扣分。

三、成绩评定

依据上述评分标准,根据《上饶师范学院关于师范生教师基本技能培训测试和成绩登记的实施细则》有关规定,英语专业师范生说课测试的成绩分优秀、良好、中等、合格和不合格,其中,同批次的不合格比例不低于30%(实行末尾淘汰制),优秀、良好、中等和合格的比例分别为20%、20%、20%和10%。技能测试评审组由三位评委组成。根据三位评委评定的成绩加和,由高分到低分按照上述比例确定同批次的成绩等级。

(外国语学院编制)

0609　说课测试大纲(历史学)

历史教学说课测试旨在测查应试人所持的教学理念、隐性思维活动,掌握课程标准、驾驭教材的能力,实现教学创新的程度;检验其教学设计与课堂教学诸环节存在的问题及问题出现的原因;认定应试人教师业务素质和整体教学水平。本大纲规定测试的内容、范围、题型及评分系统。

历史教学说课测试以课堂面试方式进行。指定教材某一局部内容,设计与阐述教学方案。说课时间不超过 15 分钟。

一、测试内容和范围

测试内容:课堂面试说课,是指试教者运用口头语言把自己上课的程序、运用的教学方法上升到理论的层面说给其他教师或评委听。具体测试内容包括(五个层面):(1) 说课内容确定;(2) 语言应用水平;(3) 课堂掌控能力;(4) 教师仪态仪表;(5) 教师基本技能。

测试范围:师范专业培养方案所规定的实践教学环节的"教师基本技能"相关内容,以及《中学教师专业标准(试行)》、中小学教师具体学科岗位和教师资格证考试对相关技能的要求。

二、测试项目构成与评分标准(共 100 分)

(一)说课内容确定

(说课程标准、说教材分析、说教学目标、说学情分析、说方法手段、说教学程序,共 60 分)

1. 目的

测查应试人不仅要说出每一具体内容的教学设计,做什么、怎么做;而且还要说出为什么要这样做,即说出设计的依据。

2. 要求

(1)说明教学设计的意图与整体思路。

(2)说课内容六部分不可少,还要注意时间分配,注意侧重点的把握。

(3)能区分说课与讲课的不同,不要把说课变成讲课。

3. 评分标准

(1)说课程标准(识记、理解与应用)(10 分)。

(2)说教材分析(地位、作用与要点)(10 分)。

(3)说教学目标(知识、能力与情感)(10 分)。

(4)说学情分析(特征、差异与行为)(10 分)。

(5)说方法手段(教法、学法与模式)(10 分)。

(6)说教学程序(流程、依据与意图)(10 分)。

(注:每一要点分值,视应试者说课不同环节内容的完整与准确程度给分)

(二)语言应用水平

(准确规范、流畅清晰、生动形象、通俗易懂、历史特色,共 10 分)

1. 目的

测查应试人是否具备较强的语言表达能力,在课堂教学中把学习者注意力吸引过来,从而提升课堂的教学效果。

2. 要求

(1) 教学语言发音标准、吐词清晰、声音洪亮。

(2) 用新颖生动的语言吸引听众,做到有投入、有热情、有感染力。

(3) 做到条理清晰、言之有据、精炼准确,体现出情感态度与价值观的教学目标。

3. 评分标准

(1) 准确规范(2分)。

(2) 清晰流畅(2分)。

(3) 生动形象(2分)。

(4) 通俗易懂(2分)。

(5) 专业特色(2分)。

(注:每一要点分值,视应试者教学语言应用的准确情况给分)

(三) 课堂掌控能力

(课堂组织、时间分割、师生交往,共9分)

1. 目的

测查应试人的课堂管理与教学组织能力,创设"自主、合作、探究"的和谐课堂气氛。

2. 要求

(1) 说课时一定要冷静,沉着稳重、胸有成竹,遇到卡壳或其他现场突发问题时,能随机应变把握主动。

(2) 时间分割要注意有针对性,可按说课的过程顺序进行合理时间分配。

(3) 预设接纳与平等的师生合作关系,不急不躁、因势利导地搞好课堂组织。

3. 评分标准

(1) 课堂组织(3分)。

(2) 时间分割(3分)。

(3) 师生交往(3分)。

(注:每一要点分值,视应试者课堂管理与教学组织的严谨规范情况给分)

(四) 教师仪态仪表

(举止端庄、精神饱满、形象大方,共9分)

1. 目的

测查应试人的课堂行为与精神风貌,引导积极向上的"慧于中而形于外"的教师形象。

2. 要求

(1) 教态自然,有表情、有感情、有激情。

(2) 良好的精神风貌。

(3) 得体的服饰与大方的举止。

3. 评分标准

(1) 举止端庄(3分)。

(2) 精神饱满(3分)。

(3) 形象大方(3分)。

(注:每一要点分值,视应试者教师仪态仪表的规范情况给分)

(五) 教师基本技能

(教学设计能力、教学实施能力、教学体悟能力,共12分)

1. 目的

测查应试人的理论素养、专业知识是否扎实以及教学实践能力的水平程度;同时,检验教学体悟能力是否保证课堂教学持续不断地改进。

2. 要求

(1) 具备一定的教学设计能力，说课教案撰写规范。

(2) 较熟练地运用课堂教学的基本技能。

(3) 不拘泥于教学活动与内容，使课堂及教学处在一种自觉反思与体悟的范畴内。

3. 评分标准

(1) 教学设计能力(4分)。

(2) 教学实施能力(4分)。

(3) 教学体悟能力(4分)。

(注：每一要点分值，视应试者教师基本功的水平程度给分)

三、成绩评定

依据上述评分标准，根据《上饶师范学院关于师范生教师基本技能培训测试和成绩登记的实施细则》有关规定，历史学专业师范生说课测试的成绩分优秀、良好、中等、合格和不合格，其中，同批次的不合格比例不低于30%(实行末尾淘汰制)，优秀、良好、中等和合格的比例分别为20%、20%、20%和10%。技能测试评审组由三位评委组成。根据三位评委评定的成绩加和，由高分到低分按照上述比例确定同批次的成绩等级。

(历史地理与旅游学院编制)

0610　说课测试大纲(地理科学)

中学地理学科说课技能测试旨在测查应试人员的说课技能。本大纲规定测试的内容、范围、题型及评分系统。测试以口试方式进行。

一、测试内容和范围

中学地理说课技能测试的内容包括说教材的作用和地位,说教学目标,说重点和难点,说学生的认知特点,说学生已有的知识经验,说怎么教、为什么这么教,说怎么学,说新课导入及依据,说新知探究及依据,说新课反馈及依据,说新课巩固及依据,说迁移拓展及依据,说板书设计等。

中学地理说课技能测试的范围是根据上饶师范学院地理科学专业编制的《中学地理教学设计教学大纲》《地理课程标准及教材研究教学大纲》《地理教学论教学大纲》及三者的考试大纲所定。

二、测试项目与评分标准

(一) 说教学内容(限时 2 分钟,共 20 分)

1. 目的

测查应试人员对课程标准的解读能力、教材内容的处理、三维教学目标、重难点的确定、教学资源的组合能力。

2. 要求

(1) 正确理解课标,正确理解教材的作用和地位。

(2) 三维教学目标、重难点的处理正确。

3. 评分标准

(1) 正确理解课标,正确理解教材的作用和地位 5 分;较正确 3.5 分,基本正确低于 2.5 分。

(2) 三维教学目标设计正确 10 分,较正确 7 分,基本正确低于 5 分。

(3) 重点难点的处理正确 5 分,较正确 3.5 分,基本正确低于 2.5 分。

(二) 说学情(限时 1 分钟,共 7 分)

1. 目的

测查应试人员的信息收集、加工能力,教育心理学知识的掌握及迁移运用能力。

2. 要求

(1) 正确说出学生的认知特点及学生已有的知识经验。

(2) 反映新课程理念。

3. 评分标准

(1) 正确说出学生的认知特点 3.5 分,较正确 2.5 分,基本正确低于 1.5 分。

(2) 正确说出学生已有的知识经验 3.5 分,较正确 2.5 分,基本正确低于 1.5 分。

(三) 说教学方法(限时 1 分钟,共 10 分)

1. 目的

测查应试人员中学地理教学方法设计及教学媒体设计的能力

及新课程理念。

2. 要求

(1) 教学方法设计及教学媒体设计体现新课程理念。

(2) 教学方法设计及教学媒体设计有利于教学目标的实现。

3. 评分标准

(1) 教法科学合理 5 分,较合理 3.5 分,基本合理低于 2.5 分。

(2) 学法科学合理 5 分,较合理 3.5 分,基本合理低于 2.5 分。

(四) 说教学过程及板书设计(限时 11 分钟,共 50 分)

1. 目的

测查应试人员地理教学过程中导课、提问、讲解、承转、总结、反馈等的设计技能及板书的设计技能。

2. 要求

(1) 导课、提问、讲解、承转、总结、反馈设计科学合理,有利于学生知识技能的掌握和情感态度价值观的形成。

(2) 板书设计重点突出、层次分明、条理清楚、详略得当。

3. 评分标准

(1) 导课好 5 分,较好 3.5 分,不太理想 2.5 分或低于 2.5 分。

(2) 提问好 5 分,较好 3.5 分,不太理想 2.5 分或低于 2.5 分。

(3) 讲解好 20 分,较好 14 分,不太理想 10 分或低于 10 分。

(4) 承转自然 5 分,较自然 3.5 分,不太理想 2.5 分或低于 2.5 分。

(5) 总结到位 5 分,较到位 3.5 分,不太理想 2.5 分或低于 2.5 分。

(6) 反馈及时 5 分,较及时 3.5 分,不太理想 2.5 分或低于 2.5 分。

(7) 板书好 5 分,较好 3.5 分,不太理想 2.5 分或低于 2.5 分。

(五) 教师基本功及教师形象(共 13 分)

1. 目的

测查应试人的语言表达、板书、板图、板画能力及教师形象。

2. 要求

表达清楚,语速、语流、音量、音调恰当,有层次、有条理,教师形象好。

3. 评分标准

(1) 语言表达效果好 10 分,较好 7 分,较差低于 5 分。

(2) 教师形象好 3 分,较好 2 分,较差低于 1.5 分。

三、成绩评定

依据上述评分标准,根据《上饶师范学院关于师范生教师基本技能培训测试和成绩登记的实施细则》有关规定,地理科学专业师范生说课测试的成绩分优秀、良好、中等、合格和不合格,其中,同批次的不合格比例不低于 30%(实行末尾淘汰制),优秀、良好、中等和合格的比例分别为 20%、20%、20% 和 10%。技能测试评审组由三位评委组成。根据三位评委评定的成绩加和,由高分到低分按照上述比例确定同批次的成绩等级。

(历史地理与旅游学院编制)

0611 说课测试大纲(体育教育)

说课测试旨在测查应试者体育教学基本技能,包括教学设计思路、教学内容创新、教法选择使用、语言组织表达、教师综合素养,认定其说课水平等级。本大纲规定测试的内容、范围及评分标准。

一、测试内容和范围

测试内容包括教材分析、学情分析、教学目标、重点难点、教法学法、教学程序、教学效果的预测以及应试者的综合表现。

测试范围为《新课标》要求,根据自身专业,选择符合中学生身心特点的教学内容,可参照中小学《体育与健康》教材。

二、测试要素与评分标准

(一) 教材分析(12分)

1. 目的

考查应试者教材理解的程度,确定教学内容的范围与深度,明确"教什么",教材内容的加工、处理、创新;课程标准(教学大纲)的要求在本课内容中的具体体现。

2. 要求及评分标准

(1) 说地位:本课内容在课程或单元教学中所处的地位和所

起的作用(即本课的价值)(3分)。

(2)说联系:本课主要知识点和能力点与教材前后内容的联系(3分)。

(3)说课标:即说课程标准(教学大纲)的要求在本课内容中的具体体现(3分)。

(4)说内容:能准确分析教材中的德育教育点、能力训练点;简要、准确地说出本节课的内容(3分)。

(二) 学情分析(9分)

1. 目的

分析教学对象、授课对象的学习起点、身心特点、条件习惯,找寻与课的联系。

2. 要求及评分标准

(1)说学生的知识经验:说明学生学习新知识前他们所具有的基础知识和生活经验,这种知识经验对学习新知识产生什么样的影响(3分)。

(2)说学生的技能态度:分析学生掌握学习内容所必须具备的学习技巧,以及是否具备学习新知识所必须掌握的技能和态度(3分)。

(3)说学生的特点风格:说明学生年龄特点,以及由于身体和智力上的个别差异所形成的不同学习方式与风格(3分)。

(三) 教学目标(8分)

1. 目的

根据课程标准(教学大纲)要求,结合学生情况和认知特点(即学情)确定恰当的教学目标。

2. 要求及评分标准

(1)符合课程标准要求,包括知识、能力、情感态度与价值观等方面与学生的心理特征和认知水平相适应,关注学生的差异(4分)。

(2) 教学目的明确、具体、可行(4分)。

(四) 教学重点难点(9分)

1. 目的

指出教学内容中最基本的、最主要的知识技能,在整个教学内容中占有核心的地位。把握教学内容中较难理解和掌握的部分,是学习中感到阻力较大或难度较高的地方。通过对教学重点难点的辨析,有利于重视教学内容核心部分,突出难点学习,反映了对教学内容的理解的层次。

2. 要求及评分标准

(1) 说重点难点的确定(3分)。

(2) 说重点难点确定的依据(3分)。

(3) 如何解决这些重点和难点(3分)。

(五) 教法学法(24分)

1. 目的

说出选用什么样的教学方法和采取什么样的教学手段,以及采用这些教学方法和手段的理论依据。

2. 要求及评分标准

(1) 所选教法符合学生的年龄特点和认知水平,具有科学性和启发性(3分)。

(2) 采用的教学手段(含直观教具、教学设备、多媒体技术等)恰当、高效(3分)。

(3) 对场地的布置有科学而独特的想法(3分)。

(4) 对自己采用的教学模式能从教育学、心理学方面进行论证(3分)。

(5) 准确把握学情特点,有针对性地设计教学活动(3分)。

(6) 所设计的活动学生参与面广,富有情趣,利于营造适宜的教学氛围(3分)。

(7) 教学设计体现分层、分体质、分性别因人而异(3分)。

(8) 知识与技能的训练符合课程标准中相应的水平目标,符合学生实际,学科特点明显(3分)。

(六) 教学程序(18分)

1. 目的

说教学程序就是介绍教学过程设计,这是说课的重点部分。它反映了教师的教学思想、教学个性与风格,考察教学安排是否合理、科学和艺术。

2. 要求及评分标准

(1) 教学思路的设计及其依据:包括各教学环节的顺序安排及师生双边活动的安排,并阐述教学思路设计的理论依据(6分)。

(2) 教学重点、难点的处理:说明突出重点、突破难点的步骤、方法和形式(6分)。

(3) 各教学环节的时间分配:联系实际教材内容、学生实际和教学方法等说出各个教学环节时间安排的依据(6分)。

(七) 教学效果预测(5分)

1. 目的

提出教师实现教学目标的期望,体现实现教学目标的自我把握程度。

2. 要求及评分标准

对学生的认知、智力开发、能力发展、思想品德的养成、身心发展等方面做出具体的、可能的预测(5分)。

(八) 综合表现(10 分)

1. 目的

体现教师的基本素养,展现教师个人风采、感染力、亲和力。

2. 要求及评分标准

(1) 语言生动形象,条理清楚,表达准确(4 分)。

(2) 教态自然,仪表端庄,精神饱满,富于感染力(4 分)。

(3) 在规定的时间内完成自己的说课内容(2 分)。

(九) 说课稿(5 分)

1. 目的

说课内容的书面展示,体现书写的流畅规范。

2. 要求及评分标准

格式规范,设计合理,简明扼要(5 分)。

三、成绩评定

根据《上饶师范学院关于师范生教师基本技能培训测试和成绩登记的实施细则》,体育教育专业师范生说课测试的成绩分优秀、良好、中等、合格和不合格,其中,同批次的不合格比例不低于30%(实行末尾淘汰制),优秀、良好、中等和合格的比例分别为20%、20%、20%和10%。技能测试评审组由三位评委组成。根据三位评委评定的成绩加和,由高分到低分按照上述比例确定同批次的成绩等级。

(体育学院编制)

0612　说课测试大纲(美术学)

美术学专业师范生说课测试旨在测试美术师范专业学生的美术说课能力水平,本大纲规定培训测试的内容及评分标准。

一、测试内容

1. 说教材。说明本课教学内容在教材中的地位与作用,说明本课确定的教学目的及其教学重点、难点等,体现说课者分析、处理教材的能力。

2. 说教学方法(包括教法和学法)。主要说明本课设计教法和指导学法要点及其优越性,说明在教学中如何操作实施、指导运用、其预期效果等。

3. 说教学过程。主要介绍本课时安排与教学程序,各教学环节的衔接、组合,以及课堂重要提问与操作要点等(这是说课的重要内容,最集中体现说课者的教学理念及教学能力)。

4. 说板书设计。说板书在教学过程中的展开程序,板书与教学内容的关系等,从而展示说课者的教学思路及教学技巧。

5. 说教学理论。阐明本课教学设计的各种理论依据,如说教材理论,就要指明分析教材内容、确定教学目标及其重难点的理论依据,包括学科课程标准依据、学科理论依据、教育学心理学依据等等(说理论可以贯穿在前面几项说课内容之中,不必单独列项阐述。它是说课的核心和重点,直接展现说课者的教育思想、教学观念,体现说课者所具有的现代教育理论的研究与实践能力)。

6. 说学情分析。在说课设计中能依据教育学、心理学的原理,分析学生知识基础、年龄特点、生活经验与背景、兴趣等。

7. 说课语言、仪表教态。说课语言简明、条理清晰、重点突出、讲述自然生动,切忌念稿或背稿。使用教学语言表情达意生动形象,能真实再现说课者课堂教学情景,利于听者了解说课者处理教材和课堂调控能力,领略其课堂教学艺术水平。仪表教态要着装得体、亲切自然,举止大方得体,沉稳自信。

二、评分标准

(一) 说教材(10 分)

说明本课教学内容在教材中的地位与作用,说明本课确定的教学目的及其教学重点、难点等,体现说课者分析、处理教材的能力。

1. 目的

培训测试应试者分析、处理教材的能力。

2. 要求

(1) 说清课标对教材的要求,本课在单元中的地位及教材的思路和特点。

(2) 对本课教材重点、难点、关键的分析和把握。

(3) 教学目标确定具体、明确、全面、整合,有层次性。

3. 评分标准

(1) 优秀。能依据课标的要求,对本课教学内容在单元中的地位和作用做出分析。能准确把握教材的思路、重点、难点和特点。教学目标编制具体、合理、全面、差异、体现三维目标。符合学生实际,有个性特点(8~10分)。

(2) 合格。了解把握教材,能确定教学重点、难点,确定的教学目标基本上合理(6~7分)。

(3) 不合格。把握不住教材,抓不住重点、难点和特点。确定的教学目标不准确、不合理(0~5分)。

(二) 说教学方法(包括教法和学法)(10分)

主要说明本课设计教法和指导学法要点及其优越性,说明在教学中如何操作实施、指导运用、其预期效果等。

1. 目的

培训测试应试者在教学方法(包括学法)方面的能力。

2. 要求

(1) 教法针对教材、学生实际,运用灵活恰当。一法为主,多法配合。

(2) 体现师生、生生互动,以学生为主体,以教师为主导。

(3) 教具、学具、板书等的准备与使用。

3. 评分标准

(1) 优秀。教法选择符合教材、学生实际,一法为主、多法配合,多种指导。教学思路清晰,教学充分体现学生主体地位,生生、师生互动,运用现代教学手段,注重学习指导(8~10分)。

(2) 合格。教法贴近学生和教材实际,在教师讲授基础上适当体现生生互动、师生互动,能够运用板书或电教手段(6~7分)。

(3) 不合格。教法僵硬,脱离学生、教材实际,单一枯燥死板,谈不上学法指导(0~5分)。

(三) 说教学过程(30分)

主要介绍本课时安排与教学程序,各教学环节的衔接、组合,以及课堂重要提问与操作要点等。

1. 目的

培训测试应试者在教学过程方面的把控能力。

2. 要求

(1) 教法针对教材、学生实际,运用灵活恰当。一法为主,多法配合。

(2) 体现师生、生生互动,以学生为主体,以教师为主导。

(3) 教具、学具、板书等的准备与使用。

3. 评分标准

(1) 优秀。教法选择符合教材、学生实际,一法为主、多法配合,多种指导。教学思路清晰,教学充分体现学生主体地位,生生、师生互动,运用现代教学手段,注重学习指导(24~30 分)。

(2) 合格。教法贴近学生和教材实际,在教师讲授基础上适当体现生生互动、师生互动,能够运用板书或电教手段(18~23 分)。

(3) 不合格。教法僵硬,脱离学生、教材实际,单一枯燥死板,谈不上学法指导(0~17 分)。

(四) 说板书设计(10 分)

说板书在教学过程中的展开程序,板书与教学内容的关系等,从而展示说课者的教学思路及教学技巧。

1. 目的

培训测试应试者板书设计能力。

2. 要求

言简意赅,有启发性,粉笔字书写规范熟练。

3. 评分标准

(1) 优秀。言简意赅,有启发性,粉笔字书写规范、美观、熟练(8~10 分)。

(2) 合格。板书设计缺少创新性,粉笔字工整,书写规范和速度有待加强(6~7分)。

(3) 不合格。字迹潦草,书写慢,板书混乱无序(0~5分)。

(五) 说教学理论(20分)

阐明本课教学设计的各种理论依据,如说教材理论,就要指明分析教材内容、确定教学目标及其重难点的理论依据,包括学科课程标准依据、学科理论依据、教育学心理学依据等。说理论可以贯穿在其他说课内容之中,不必单独列项阐述。

1. 目的

培训测试应试者对教学理论的理解把握能力。

2. 要求

应试者专业知识掌握准确,有前沿性;对教师职业有深刻的理解和认识,思路开阔、清晰,教育思想、教学观念、现代教育理论的研究与实践能力均较强。

3. 评分标准

(1) 优秀。专业知识掌握准确,有前沿性;对教师职业有深刻的理解和认识,思路开阔、清晰,教育思想、教学观念、现代教育理论的研究与实践能力均较强(16~20分)。

(2) 合格。对教师职业理解和认识基本正确。知识无明显错误。具备一定的教育思想、教学观念和现代教育理论(12~15分)。

(3) 不合格。对教师职业理解和认识不正确。知识贫乏。不具备教育思想、教学观念和现代教育理论(0~11分)。

(六) 说学情分析(10分)

在说课设计中能依据教育学、心理学的原理,分析学生知识基础、年龄特点、生活经验与背景、兴趣等。

1. 目的

培训测试应试者的学情分析能力。

2. 要求

(1) 分析学生的知识基础、生活经验背景、能力等。

(2) 分析学生年龄特点及对本课兴趣、学习态度。

3. 评分标准

(1) 优秀。在说课设计中能依据教育学、心理学的原理,分析学生知识基础、年龄特点、生活经验与背景、兴趣等(8~10分)。

(2) 合格。以教师讲授为主,适当考虑学生的基础、知识背景、年龄特点、兴趣及学习态度(6~7分)。

(3) 不合格。不了解、不分析学情,自顾自地讲授(0~5分)。

(七) 说课语言、仪表教态(10分)

1. 目的

培训测试应试者的说课语言运用能力、仪表教态的表现能力。

2. 要求

(1) 说课语言简明、条理清晰、重点突出、讲述自然生动,切忌念稿或背稿。使用教学语言表情达意生动形象,能真实再现说课者课堂教学情景,利于听者了解说课者处理教材和课堂调控能力,领略其课堂教学艺术水平。

(2) 仪表教态要着装得体、亲切自然,举止大方,沉稳自信。

3. 评分标准

(1) 优秀。说课语言简明、条理清晰、重点突出、讲述自然生动。仪表教态着装得体、亲切自然,举止大方,沉稳自信(8~10分)。

(2) 合格。说课语言简明、条理清晰、有重点,基本能传达出所教内容。举止神情略有紧张(6~7分)。

(3) 不合格。说课语言无条理,神情紧张,语无伦次,教态失常(0～5分)。

三、成绩评定

依据上述评分标准,根据《上饶师范学院关于师范生教师基本技能培训测试和成绩登记的实施细则》有关规定,美术学专业师范生说课测试的成绩分优秀、良好、中等、合格和不合格,其中,同批次的不合格比例不低于30%(实行末尾淘汰制),优秀、良好、中等和合格的比例分别为20%、20%、20%和10%。技能测试评审组由三位评委组成。根据三位评委评定的成绩加和,由高分到低分按照上述比例确定同批次的成绩等级。

(美术与设计学院编制)

0613　说课测试大纲(书法学)

书法学专业师范生说课是高等师范院校书法学专业学生必须掌握的一种专业技能,它把书法专业理论和实践与具体教学实践活动联结起来,综合运用说教材、说教法、说过程等说课技巧,将书法学专业师范生所学专业知识应用到书法教学过程的实践中。

书法学专业师范生说课测试,主要测查应试者对中小学书法学科说课基本内容和基本技能的熟练程度。本大纲规定书法学专业师范生说课测试内容、测试标准以及成绩评定方法。

一、测试内容

书法学专业师范生说课测试的内容包括以下几个方面:

1. 说教材。说明本课教学内容在教材中的地位与作用,说明本课确定的教学目的及其教学重点、难点等,体现说课者分析、处理教材的能力。

2. 说教学方法(包括教法和学法)。主要说明本课设计教法和指导学法要点及其优越性,说明在教学中如何具体操作实施、指导运用及其预期效果等。

3. 说教学过程。主要介绍本课时安排与教学程序,各教学环节的衔接、组合,以及课堂重要提问与操作要点等。

4. 说板书设计。说板书在教学过程中的展开程序,板书与教学内容的关系等,从而展示说课者的教学思路及教学技巧。

5. 说教学理论。阐明本课教学设计的各种理论依据,如说教材理论,就要指明分析教材内容、确定教学目标及其重难点的理论依据,包括学科课程标准依据、学科理论依据、教育学心理学依据等。

6. 说学情分析。在说课设计中能依据教育学、心理学的原理,分析学生知识基础、年龄特点、生活经验与背景、兴趣等。

7. 说课语言、仪表教态。说课语言简明、条理清晰、重点突出、讲述自然生动,切忌念稿或背稿。使用教学语言表情达意生动形象,能真实再现说课者课堂教学情景,利于听者了解说课者处理教材和课堂的调控能力,领略其课堂教学艺术水平。仪表教态要着装得体、亲切自然、举止大方、沉稳自信。

二、测试标准

本测试主要参照《书法教学法》《书法教学设计》《楷书》《行书》《隶书》《中国书法史》等课程,结合说课一般原理,编制测试考卷。应试者在应试开始前有30分钟准备时间,每位考生必须在规定时间内(一般为15分钟)进行现场说课,评委按照如下标准,结合应试者的表现评分。

(1) 熟练楷书、行书、隶书、书法欣赏等课程说课基本技巧,各环节完整,应试者仪表仪态端庄大方,教学语言运用得体,时间分配合理,课堂控制力强(90~100分)。

(2) 熟练楷书、行书、隶书、书法欣赏等课程说课基本技巧,各环节较完整,应试者仪表仪态较端庄大方,教学语言运用较得体,时间分配较合理,课堂控制力较强(80~89分)。

(3) 基本掌握楷书、行书、隶书、书法欣赏等课程说课技巧,各环节较完整,应试者仪表仪态较端庄大方,教学语言运用一般,时间分配不合理,课堂控制力一般(70~79分)。

(4)基本掌握楷书、行书、隶书、书法欣赏等课程说课技巧,各环节逻辑性较差,应试者仪表仪态不够端庄,教学语言运用一般,时间分配不合理,课堂控制力较差(60~69分)。

(5)未能掌握楷书、行书、隶书、书法欣赏等课程说课技巧,各环节逻辑性差,主次不分,应试者仪表仪态不够端庄,教学语言运用不恰当,时间分配不合理,课堂控制力差(60分以下)。

三、成绩评定

根据《上饶师范学院关于师范生教师基本技能培训测试和成绩登记的实施细则》,依据上述评分标准,书法学专业师范生说课测试的成绩分优秀、良好、中等、合格和不合格。其中,同批次的不合格比例不低于30%(实行末尾淘汰制),优秀、良好、中等和合格的比例分别为20%、20%、20%和10%。技能测试评审组由三位评委组成。根据三位评委评定的成绩加和,由高分到低分按照上述比例确定同批次的成绩等级。

(美术与设计学院编制)

0614　说课测试大纲(音乐学)

音乐学专业师范生说课测试,旨在测查应试者对中小学音乐学科说课基本内容和基本技能的熟练程度。

本大纲规定说课测试内容、测试标准以及成绩评定方法。

一、测试内容

包括说课标,说教材,说学情,说教学目标,说教学重点难点,说教学过程。

二、测试标准

(一) 说课标(限时1分钟,共10分)

1. 目的

测查应试人对《九年义务教育音乐新课程标准》(以下简称"新课标")的掌握和贯彻程度。

2. 要求

(1) 说出新课标的总目标。

(2) 根据所说课题,说出新课标对该课内容的要求。

3. 评分标准

(1) 总目标错误,扣3分。

(2) 新课标对该课内容要求不准确,扣1分。

(3) 超时 1 分钟以内,扣 1 分;超时 1 分钟以上(含 1 分钟),扣 2 分。

(二) 说教材、学情(限时 2 分钟,共 15 分)

1. 目的

测查应试人对初中音乐教材的熟悉程度、对学生情况的掌握。

2. 要求

(1) 所说课题内容在本册、本单元中的地位,一般安排在哪个教学周教学。

(2) 所说课题内容的词、曲作者简介,创作背景,作品结构,作品特点。

(3) 了解与掌握所教班级学生情况。

3. 评分标准

(1) 说课内容不完整,每缺 1 项扣 1 分。

(2) 超时 1 分钟以内,扣 1 分;超时 1 分钟以上(含 1 分钟),扣 2 分。

(三) 说教学目标、教学重点和难点(限时 1 分钟,共 15 分)

1. 目的

测查应试人制定教学目标、把握教学重难点的水平。

2. 要求

(1) 准确制定 1 个学时内容的三维目标。

(2) 能抓住教学重难点。

3. 评分标准

(1) 每错 1 个教学目标,扣 2 分。

(2) 教学重难点错误,扣 2 分。

(3) 超时扣 1 分。

(四) 说教学过程(限时 6 分钟,共 60 分)

1. 目的

测查应试人设计教学过程的水平。

2. 要求

(1) 说出各个教学环节。

(2) 教学过程科学、合理、具有可操作性。

3. 评分标准

(1) 缺少 1 个教学环节,扣 5 分。

(2) 教学过程设计欠科学、合理,扣 5 分。

(3) 超时扣 5 分。

三、成绩评定

依据上述标准,根据《上饶师范学院关于师范生教师基本技能培训测试和成绩登记的实施细则》有关规定,音乐学专业师范生说课测试的成绩分优秀、良好、中等、合格和不合格,其中,同批次的不合格比例不低于 30%(实行末尾淘汰制),优秀、良好、中等和合格的比例分别为 20%、20%、20%和 10%。技能测试评审组由三位评委组成。根据三位评委评定的成绩加和,由高分到低分按照上述比例确定同批次的成绩等级。

(音乐舞蹈学院编制)

0615 说课测试大纲(舞蹈学)

舞蹈学专业师范生说课测试,旨在测查应试者的说课规范程度和熟练程度。本大纲规定测试的内容、范围、题型及评分系统。说课以口试方式进行。

一、测试内容

说课水平测试的内容包括说课标,说教材、学情,说教学目标、教学重难点,说教学过程。

二、测试标准

(一)说课标(限时 1 分钟,共 10 分)

1. 目的

测查应试人对《九年义务教育音乐新课程标准》(以下简称"新课标")的掌握和贯彻程度。

2. 要求

(1)说出新课标的总目标。

(2)根据所说课题,说出新课标对该课内容的要求。

3. 评分标准

(1)总目标错误,扣 3 分。

(2)新课标对该课内容要求不准确,扣 1 分。

(3) 超时1分钟以内,扣1分;超时1分钟以上(含1分钟),扣2分。

(二) 说教材、学情(限时2分钟,共15分)

1. 目的

测查应试人对初中音乐教材的熟悉程度、对学生情况的掌握。

2. 要求

(1) 所说课题内容在本册、本单元中的地位,一般安排在哪个教学周教学。

(2) 所说课题内容的词、曲作者简介,创作背景,作品结构,作品特点。

(3) 了解与掌握所教班级学生情况。

3. 评分标准

(1) 说课内容不完整,每缺1项扣1分。

(2) 超时1分钟以内,扣1分;超时1分钟以上(含1分钟),扣2分。

(三) 说教学目标、教学重点与难点(限时1分钟,共15分)

1. 目的

测查应试人制定教学目标、把握教学重难点的水平。

2. 要求

(1) 准确制定1个学时内容的三维目标。

(2) 能抓住教学重难点。

3. 评分标准

(1) 每错1个教学目标,扣2分。

(2) 教学重难点错误,扣2分。

(3) 超时扣1分。

（四）说教学过程（限时6分钟，共60分）

1. 目的

测查应试人设计教学过程的水平。

2. 要求

（1）说出各个教学环节。

（2）教学过程科学、合理、具有可操作性。

（3）应试人能巧妙地运用舞蹈技巧进行教学。

3. 评分标准

（1）缺少1个教学环节，扣5分。

（2）教学过程设计欠科学、合理，扣5分。

（3）超时扣5分。

三、成绩评定

依据上述标准，根据《上饶师范学院关于师范生教师基本技能培训测试和成绩登记的实施细则》的有关规定，舞蹈学专业师范生说课测试的成绩分优秀、良好、中等、合格和不合格，其中，同批次的不合格比例不低于30%（实行末尾淘汰制），优秀、良好、中等和合格的比例分别为20%、20%、20%和10%。技能测试评审组由三位评委组成。根据三位评委评定的成绩加和，由高分到低分按照上述比例确定同批次的成绩等级。

（音乐舞蹈学院编制）

0616　说课测试大纲(心理学)

说课是指教师针对某一观点、问题或具体课题,口头表述其教学设想及其理论依据。说课有利于提高教学活动的实效,有利于提高教师备课的质量,有利于提高课堂教学的效率,也是提高教师素质的最有效途径之一。在师范生中开展说课训练,可以促进其语言组织、口头表达等教育教学技能的提高和教学研究能力的提升,进而增强就业竞争力。因此,鼓励师范生在校期间积极参与说课。

一、测试内容和要求

1. 说教材。在个人钻研教材的基础上,说清所选章节教学内容的主要特点,它在整个教材中的位置、作用和前后联系,并说明是如何根据大纲和教材内容的要求确定本节课的教学目的、目标、重点、难点和关键的。

2. 说教法。解释选用什么样的教学方法,介绍选择教法的理论依据,说明在教学中是如何发挥主导作用的,以及如何处理教与学,讲与练的关系;同时说明如何使用教具、学具或电教手段。

3. 说学法。讲清是如何激发学生学习兴趣、调动积极思维、强化学生主动意识的,是怎样根据年级特点和学生的年龄、心理特征,运用哪些学习规律指导学生进行学习的。

4. 说教学程序。主要说明教学设计的具体思路,课堂教学的结构安排和优化过程,以及教学层次衔接与教学环节转换之间的逻辑关系。

二、测试实施

应试者现场随机抽取 1 课时中学生心理健康教育内容(江西省现用教材),30 分钟自由准备后开始进行说课,说课时间 10 分钟左右,尽量做到脱稿说课。

三、测试评分标准

评价内容	评分标准	权重
说教材 (20分)	说清自己对本节课教材内容的认识和理解,说清本课在本册教材中所处的地位及前后知识间的联系,了解教材的承接性和延续性。	5分
	教学目标明确、恰当,符合教材和学生实际,并能说出依据。	5分
	教学重点把握准确,教学难点突破恰当。	5分
	教材处理得当,符合学情、符合教学实际。	5分
教法学法 (25分)	说明本课时的教法选择及理论依据。	5分
	说明如何体现面向全体,因材施教,主体突出。	5分
	注重实践活动,充分调动学生学习的主动性、积极性。	5分
	重视学习兴趣和道德情感培养。	5分
	重视学习方法的指导、学习习惯的培养和学习能力的提高。说明如何体现出使学生会学,培养学生哪些学习能力。	5分

(续表)

评价内容	评分标准	权重
教学程序 (40分)	整体设计新颖、合理,有理论性。	10分
	教学方法、教学媒体的选择符合教学原理,切合学生实际,适合教学要求。	10分
	重要教学环节的设计合理,能用教学理论加以阐述。	5分
	突出教学重点、突破难点。	5分
	教学过程中充分发挥学生的主体作用,使学生积极、主动参与教学活动。	5分
	注重反馈、矫正。全面完成教学任务,不同层次的学生各有所获,体现教学的实效性。	5分
教师素养 (15分)	普通话准确,语言规范、流畅,逻辑性强,具有生动性、鼓动性、幽默感等。	5分
	板书、版图工整、美观、有条理。	2分
	教态自然大方,仪表端庄,具有亲和力、感染力等。	3分
	基本能脱稿说课。	2分
	有一定的教学特色或教学亮点。	3分

四、成绩评定

依据上述标准,根据《上饶师范学院关于师范生教师基本技能培训测试和成绩登记的实施细则》的有关规定,心理学专业师范生说课测试的成绩分优秀、良好、中等、合格和不合格,其中,同批次的不合格比例不低于30%(实行末尾淘汰制),优秀、良好、中等和合格的比例分别为20%、20%、20%和10%。技能测试评审组由三位评委组成。根据三位评委评定的成绩加和,由高分到低分按照上述比例确定同批次的成绩等级。

(教育科学学院编制)

0617 说课测试大纲(学前教育)

说课是教师招聘考试常用方法之一。说课不仅能够考查考生的课堂教学设计思路,也能反映考生的语言表达、教态、专业功底等教学基本功。

一、测试内容和要求

说课考查应试人对于某个主题教学的设计思路,包括说清教材、教学目标、学情、教法以及教学程序等,属于常模参照考试。本大纲规定测试的方法、内容及评分标准。

二、测试实施

应试者现场随机抽取一份幼儿园教学活动设计,30分钟自由准备后开始进行说课,说课时间5到8分钟,最终由评委给出测试分数。

随机抽取的幼儿园教学活动设计,取自江西省公立幼儿园现用教材,大中小班年龄段不限,活动主题不限。

三、测试评分标准

(一)说教学设计

考查应试人是否明确所说教学活动的设计意图。该活动对幼

儿当前年龄阶段发展的意义何在,对幼儿的学习与生活经验起到何种影响。其评分标准是:

考 查 内 容	权重
活动的设计意图:说明该活动在整个课程体系或主题活动中的地位,阐述对教材的理解和感悟。	5分
对幼儿学习与发展的意义:说明该活动对幼儿当前阶段的学习与发展经验的意义。	5分

(二) 说教学目标

考查应试人在对幼儿当前年龄阶段及发展水平有清晰认识的基础上,是否能准确针对幼儿的年龄特点设定适合的教学目标。其评分标准是:

考 查 内 容	权重
在领域课程目标的要求指导下,围绕认知、情感、态度、能力等发展目标确立一个三维目标,将各项目标与活动内容有机整合。	5分
目标设定的合理性、可操作性:目标化解要具体,操作性要强,注重把握各领域的关键性目标。	5分

(三) 说教法与学法

考查应试人是否能根据所选教学活动的特点、根据幼儿学习年龄的特点,有针对性地选择有助于教师开展教学的教法、适合幼儿学习的学法。其评分标准是:

考 查 内 容	权重
教师的教法:根据该活动的特点、幼儿实际、教师特长以及教学情况等,说明选择某种教学方法或手段的依据。	15分

考 查 内 容	权 重
幼儿的学法：根据活动的特点、幼儿的年龄和心理特征,说明活动中运用的教育教学规律,注重对幼儿学习方法的指导,激发幼儿学习兴趣。	10 分

（四）说教学过程

考查应试人的教学活动环节设计思路的科学性、完整性与流畅性、游戏性与教育性。各环节的设计是否符合幼儿学习的特点,环节之间的衔接是否流畅,各环节的设置是否能服务于实现预期的教学目标,是否能体现游戏性与教育性的平衡。其评分标准是：

考 查 内 容	权 重
环节设计的科学性：分析阐述各环节活动目标与各步骤方式方法之间的适应性关系,体现循序渐进。	15 分
环节组织的完整性与流畅性：环节完整,包括活动准备、活动流程、活动延伸等部分。说课整体要流畅,环节之间的介绍过渡要自然、连贯。	15 分
环节设计富有游戏性与教育性：环节设计中包含一定的游戏性,且说明清楚该游戏为什么适合于本活动,对于教学目标的完成有何意义。	15 分

（五）教师的基本素养

考查应试人的言语表达、举止仪表是否具备教师的基本素养。其评分标准是：

考 查 内 容	权 重
语言表达：普通话基本标准,声音洪亮；语言简练清晰,层次清楚,逻辑性强。	5 分

(续表)

考 查 内 容	权重
仪表举止：仪表端庄稳重，举止自然大方；富有激情和感染力，充满自信。	5分

四、成绩评定

依据上述标准，根据《上饶师范学院关于师范生教师基本技能培训测试和成绩登记的实施细则》的有关规定，学前教育专业师范生说课测试的成绩分优秀、良好、中等、合格和不合格，其中，同批次的不合格比例不低于30%（实行末尾淘汰制），优秀、良好、中等和合格的比例分别为20%、20%、20%和10%。技能测试评审组由三位评委组成。根据三位评委评定的成绩加和，由高分到低分按照上述比例确定同批次的成绩等级。

（教育科学学院编制）

0618　说课测试大纲(小学教育)

说课水平测试测查应试人对课程标准、教材、教参编写意图及基本要求的理解程度,对现代教育理论、教学方法掌握的情况,对学生情况的评估,运用现代化教学手段的能力,以及基本的教师素养。本大纲规定测试的内容、范围及评分系统。说课水平测试以面试方式进行。

一、测试内容和范围

小学教育专业的说课水平测试的内容包括教学目标、教材内容、教法学法、教学过程、教师基本素质等几个方面。

小学教育专业的说课水平测试的范围包括小学的主要学科,如语文、数学、英语、美术、综合实践活动、科学等小学课程。使用的教材是课标实验教材人教版。

二、测试基本要求

说课是小学教师的一项基本技能。主要目的是考察师范生是否能够将教育的基本理念、教学思想以及基本的教育教学理论知识运用于教学实践活动中。这些教育理论及思想运用是否得当。也考察师范生是否能够独立备课、进行教学设计、组织教学活动,即是否具有基本的教学设计能力。

对师范生说课技能的考察主要包括说课的内容和说课的语言两个方面。

1. 说课的内容包括：

(1) 说教材。说明本课教学内容在教材中的地位与作用,说明本课确定的教学目的及其教学重点、难点等,体现说课者分析、处理教材的能力。

(2) 说教学方法(包括教法和学法)。主要说明本课设计教法和指导学法要点及其优越性,说明在教学中如何操作实施、指导运用、其预期效果等。

(3) 说教学过程。主要介绍本课时安排与教学程序,各教学环节的衔接、组合,以及课堂重要提问与操作要点等(这是说课的重要内容,最集中体现说课者的教学观念及教学能力)。

(4) 说板书设计。说板书在教学过程中的展开程序,板书与教学内容的关系等,从而展示说课者的教学思路及教学技巧。

(5) 说教学理论。阐明本课教学设计的各种理论依据,如说教材理论,就要指明分析教材内容、确定教学目标及其重难点的理论依据,包括学科课程标准依据、学科理论依据、教育学心理学依据等等(说理论可以贯穿在前面几项说课内容之中,不必单独列项阐述。它是说课的核心和重点,直接展现说课者的教育思想、教学观念,体现说课者所具有的现代教育理论的研究与实践能力)。

2. 说课的语言主要考察说课者所使用的独白语言和教学语言。

(1) 独白语言,是独自向评审专家及有关领导说课时的用语。要做到语言简明、条理清晰、重点突出、讲述自然生动,切忌念稿或背稿。

(2) 教学语言,即暂把听众(评审专家及有关领导)当学生,仿课堂教学用语。主要在说明教学过程或教学方法时使用。如说明课堂导语、结束语、课堂提问或答问举例,语文、英语等学科朗读示范等。使用教学语言表情达意生动形象,能真实再现说课者课堂教学情景,利于听者了解说课者处理教材和课堂调控能力,领略其课堂教学艺术水平。

三、测试评分标准

项目	内容	评分标准	权重
教材内容 (20分)	教学目标	准确表述教学目标。目标应该可观察、可检测,符合课程标准和学生实际,体现技能训练的可操作性。	5分
	重点难点	准确说明本课的重点、难点、关键。并指出确定依据。	5分
	教材处理	正确理解本节课内容在教材中的地位和作用。	5分
		教材处理符合教学目标。深入挖掘教材中的教育内涵。	5分
教法学法 (20分)	教法设计	教法设计体现以学生为主体,有利于落实教学目标。	4分
	学法设计	针对重点、难点设计教法,有一定灵活性。	4分
	手段选用	体现对学生"自主、合作、探究"学习方式的引导。	4分
		注重动手能力的培养,教学手段选择具有时代性和科学性。	4分
		选用教具合理,符合本学科特点。	4分

(续表)

项目	内容	评分标准	权重
教学程序 (30分)	环节设计	课堂教学结构设计合理,教学思路清晰,时间分配得当。	6分
	教学手段	正确运用现代教育技术,突出学生主体性及多向互动。	6分
	时间安排	时间安排合理,突出重、难点的有效解决过程。	6分
	效果预估	正确估计学生的学习效果。	6分
		合理设计教学反馈环节,预估教学效果。	6分
教师基本素质 (30分)	语言表达	普通话基本标准,表述具体、充实,层次清楚,语言简练清晰,逻辑性强,富有感染力。	10分
	仪表举止	仪表端庄、稳重,举止自然大方,表情丰富,富有修养。	10分
	板书设计	板书设计合理,有层次,突出重点,字迹工整,准确、美观。	10分

四、成绩评定

依据上述标准,根据《上饶师范学院关于师范生教师基本技能培训测试和成绩登记的实施细则》的有关规定,小学教育专业师范生说课测试的成绩分优秀、良好、中等、合格和不合格,其中,同批次的不合格比例不低于30%(实行末尾淘汰制),优秀、良好、中等和合格的比例分别为20%、20%、20%和10%。技能测试评审组由三位评委组成。根据三位评委评定的成绩加和,由高分到低分按照上述比例确定同批次的成绩等级。

(教育科学学院编制)

0619　说课测试大纲(生物科学)

一、说课内容

《生物》说课测试内容包括说课、面试与问题答辩。

说课包括：说教材、说学情、说教法学法、说教学过程。

面试包括：素养表现(仪表、教态、语言、板书)。

问题答辩包括：回答1~3个问题。

(一) 说教材(15分)

1. 看能否说清课标对教材的要求，本课在单元中的地位及教材的思路和特点。

2. 看对本课教材重点、难点、关键的分析和把握。

3. 看教学目标确定是否具体、明确、全面、整合，有层次性。

(二) 说学情(10分)

1. 看如何分析学生知识基础，生活经验背景，能力起点。

2. 看对学生年龄特点及本课兴趣，学习态度的分析。

(三) 说教法学法(15分)

1. 看教法是否针对教材、学生实际，运用灵活恰当。看是否一法为主，多法配合，看能否调动学生多种感官活动。

2. 看是否体现师生、生生互动，以学生为主体，以教师为主导。

3. 看教具、学具、板书等的准备与使用。

(四)说教学过程(20分)

1. 看教材组织处理是否得当,教学思路是否清晰。

2. 看导入、新授、练习、结课、作业等各教学环节的设计是否环环相扣,过渡自然。

3. 看教学过程设计是否新颖巧妙,有个性特点。

(五)素养表现(面试)(20分)

仪表3分,考察容貌、发型、着装。

教态4分,举止得体大方,有激情,沉稳自信。

语言6分,是说课,而不是读课,说普通话,语言表达流畅、准确,抑扬顿挫、有感染力。

板书5分,言简意赅,有启发性,粉笔字书写规范熟练。

演示2分,操作教具,演示电教媒体熟练。

(六)问题答辩(20分)

回答要点:

1. 回答的思路清晰,知识掌握准确。

2. 重点突出,语言表达流畅。

3. 理论联系实际,能将教育学、心理学知识在实际中应用。

4. 有个性特点,有思想和独特的见解,有很强的应变能力,能处理教学过程中的突发事件。

二、说课评分标准

项目	内 容	评 分 标 准
说教材	1. 说清课标对教材的要求,本课在单元中的地位及教材的思路和特点。 2. 对本教材的重点、难点、关键的分析和把握。 3. 教学目标确定是否具体、明确、全面、整合、有层次性。	能依据课标的要求,对本课程教学内容在单元中的地位和作用做出分析。能准确把握教材的思路、重点、难点和特点。教学目标编制具体、合理、全面、差异、体现三维目标,符合学生的实际,有个性特点(12~15分)。
		了解把握教材,能确定教学重点、难点,确定的教学目标基本合理(8~11分)。
		把握不住教材,抓不住重点、难点和特点,确定的教学目标不准确、不合理(0~5分)。
说学情	1. 分析学生的知识基础、生活经验背景、能力起点。 2. 分析学生的年龄特点及对本课兴趣、学习态度。	在说课设计中能依据教育学、心理学的原理,分析学生的知识基础、年龄特点、生活经验与背景、兴趣等(8~10分)。
		以教师讲授为主,适当考虑学生的基础、知识年龄特点、兴趣及学习态度(5~7分)。
		不了解、不分析学情,一味自顾自地讲授(0~3分)。

(续表)

项目	内容	评分标准
说教法学法	1. 教法针对教材、学生实际，运用灵活恰当，一法为主，多法配合，让学生有多种感官活动。 2. 体现师生、生生互动，以学生为主体，以教师为主导。 3. 教具学具板书等的准备与使用。	教法选择符合教材、学生实际,一法为主,多法配合,多种指导。教学思路清晰,教学充分体现学生主体地位,生生、师生互动,运用教学手段,注重学习指导(12～15分)。 教法贴近学生和教材实际,在教师讲授基础上适当体现生生互动和师生互动,能够运用板书或电教手段(8～11分)。 教法僵硬,脱离学生、教材实际,单一枯燥死板,说不上学法指导(0～5分)。
说教学过程	1. 教材组织处理得当,教学思路清晰。 2. 导入、新授、练习、作业等教学环节的设计环环相扣,过渡自然。 3. 教学过程设计新颖巧妙,有个性特点。	教材组织处理得当,教学思路清晰,导入、新授、练习、作业等教学环节的设计环环相扣,过渡自然。教学设计新颖独特(17～20分)。 教学过程各环节设计合理,有一定的节奏(7～14分)。 教学过程杂乱无章,思路混乱(0～6分)。
素养表现——仪表（面试）	考察容貌、着装等	相貌端庄,着装得体(3分)。 相貌无明显欠缺,仪表着装适当(1～2分)。 不修边幅,奇装异服,在某一方面有明显生理缺陷(0分)。

(续表)

项目	内容	评分标准
素养表现——教态（面试）	举止得体大方、有激情、沉稳自信	亲切自然,举止大方得体,沉稳自信(3～4分)。
		举止神情微有紧张(1～2分)。
		神情紧张,语无伦次,教态失常(0分)。
素养表现——语言（面试）	语言表达流畅、准确,抑扬顿挫,有感染力,说普通话。	脱稿说,语言表述流畅准确、清晰,抑扬顿挫,有感染力,说普通话(4～6分)。
		教学语言基本能完成教学任务,缺少个性化风格(2～4分)。
		照稿念,方言土语浓重,讲解混乱不清或口吃,有明显语病(0～1分)。
素养表现——板书（面试）	言简意赅,有启发性,粉笔字书写规范、美观、熟练。	言简意赅,有启发性,粉笔字书写规范、美观、熟练(4～5分)。
		板书设计缺少创新性,粉笔字工整,书写规范和速度有待加强(2～3分)。
		字迹潦草,书写慢,板书混乱无序(0～1分)。
素养表现——演示（面试）	授课过程有演示。	授课过程有演示,且成功(2分)。
		授课过程有演示,不成功(1分)。
		没有演示(0分)。

(续表)

项 目	内 容	评分标准
问题答辩	有专业知识准备,有前沿性,针对教师职业有深刻的理解和认识。思路开阔、清晰,思维敏捷,表达流畅。	热爱教师职业,基础知识准确,有宽广深厚的知识功底,有很强的语言组织能力、表达能力和应变能力,逻辑性强(15~20分)。
		对教师职业理解和认识基本正确。知识无明显错误,思维反应正常,有一定应变能力,语言表达流畅有条理性(8~14分)。
		对教师职业理解不够,无长期从事教师职业的思想,专业知识不够系统,错误较多。无应变能力,思维跳跃、混乱、表达不清(0~5分)。

三、成绩评定

依据上述标准,根据《上饶师范学院关于师范生教师基本技能培训测试和成绩登记的实施细则》有关规定,生物科学专业师范生说课测试的成绩分优秀、良好、中等、合格和不合格,其中,同批次的不合格比例不低于30%(实行末尾淘汰制),优秀、良好、中等和合格的比例分别为20%、20%、20%和10%。技能测试评审组由三位评委组成。根据三位评委评定的成绩加和,由高分到低分按照上述比例确定同批次的成绩等级。

(生命科学学院编制)

07　演讲考核大纲

演讲能力测试旨在测查应试者以有声语言为主要手段,以体态语言为辅助手段,针对某个具体问题,鲜明、完整地发表自己的见解和主张,阐明事理或抒发情感的语言交际能力。

本测试以即兴口试的方式进行,由学生现场随机抽取演讲主题,并给予10分钟左右的准备时间。

一、测试内容和范围

本测试的内容主要包括演讲主题的思想立场、普通话语音、口语表达、逻辑思维、仪态仪表和现场感染力等。

演讲主题由所有测试员在每次测试前共同商定,共确定10个左右的主题。

二、测试要求

1. 演讲内容符合测试要求,并做到主题鲜明、内涵丰富、思想健康、立场正确。

2. 语音面貌上,要做到发音正确、吐字清晰、语速合理、语调得体、语言流畅;语法表达上,要做到语法和词汇使用正确,并具有一定的文采特质;逻辑结构上,要做到逻辑缜密,符合常理,有论有据,观点可信。

3. 演讲测试要求学生具备得体的仪态仪表，着装打扮做到端庄大方，肢体语言使用合情合理，同时在演讲过程中要有一定的交流感。

4. 演讲测试强调现场效果，学生要根据测试环境、时间和氛围，综合其演讲内容与形式表达，形塑出特定的现场感染力。同时，演讲时间须严格控制在3分钟左右。

三、成绩评定

1. 评分从以上四个方面进行综合评价。其中，思想内容占比20%，语言表达占比50%，仪态仪表占比20%，现场效果占比10%。

2. 根据《上饶师范学院关于师范生教师基本技能培训测试和成绩登记的实施细则》，演讲考核的成绩分优秀、良好、中等、合格和不合格，其中，同批次的不合格比例不低于30%（实行末尾淘汰制），优秀、良好、中等和合格的比例分别为20%、20%、20%和10%。技能测试评审组由三位评委组成。根据三位评委评定的成绩加和，由高分到低分按照上述比例确定同批次的成绩等级。

（文学与新闻传播学院编制）

08　班主任体验考核大纲

班主任是中小学日常思想道德教育和学生管理工作的主要实施者,班主任工作体验是强化师范生教师基本技能的重要内容。通过开展班主任工作体验,促使师范生加强相关理论学习,提升班主任工作实践技能,培养师范生扎实的教师专业基本功。为此,鼓励师范生在校期间参与班主任工作体验。

一、班主任工作体验的内容和要求

1. 班级德育工作。了解班级德育工作的基本环节、基本内容、基本途径和基本方法;学习对班级德育工作现状进行调查的方法;了解学生健康心理的标准、培养健康心理的原则、进行心理健康教育的步骤和方法。

2. 班级管理和学生教育工作。了解班级管理的日常工作及和程序、班干部选拔的标准和步骤;了解后进学生、一般学生、优秀学生的基本特点;了解班主任教育、引导学生的方法和个别教育工作的技能,以及如何针对偏科学生制定相应的学习计划。

3. 主题班会的组织工作。了解主题班会对学生学习的意义;了解开展主题班会的具体要求,包括主题的设计、活动的形式、活动的实施与评价,针对学生思想实际及班级存在的主要问题,选择具有启发性且对学生思想能起到潜移默化作用的主题来组织班会活动。

4. 班主任工作计划、总结和班主任工作日志。工作计划和总结应包括班级情况分析、学期工作要点、具体措施等方面。

5. 家访。了解家访是促进家校双方携手教育学生的重要途径和方法；了解家访的主要内容和形式、谈话的技巧和家访应注意的事项。

二、班主任工作体验的实施

师范生本人在第 4~6 学期提出申请，经二级学院审定同意后，在信州区中小学选择 1 个班级，跟班体验 1 个月以上。参加体验的师范生按照要求提交相关材料，供学校考核用。

三、成绩评定

参加体验的师范生提交《班主任工作体验申请及考核表》和如下材料中任意 4 种，供考核用。

1. 提交一份学期班级工作计划或班级工作小结。
2. 召开一次主题班会，提交记录及体会。
3. 开展一次班级课外活动，提交相关记录及体会。
4. 开展一次谈心活动，提交相关记录及体会。
5. 出一期班级板报，提交构思及板报的照片。
6. 进行一次家访或参与一次学生评优工作，提交相关记录及体会。

二级学院考核小组根据师范生提交的材料进行评价考核，按百分制评分。根据《上饶师范学院关于师范生教师基本技能培训测试和成绩登记的实施细则》，班主任体验考核的成绩分优秀、良好、中等、合格和不合格，其中，同批次的不合格比例不低于 30%

(实行末尾淘汰制),优秀、良好、中等和合格的比例分别为20%、20%、20%和10%。技能测试评审组由三位评委组成。根据三位评委评定的成绩加和,由高分到低分按照上述比例确定同批次的成绩等级。

班主任工作体验申请及考核表(样表)

申请人		学院		班级		专业	
班主任体验申请(什么时间、在哪所学校的哪个班级进行班主任工作体验):							
申请人(签名):					年	月	日
申请人所在的二级学院意见:							
负责人(签名):					年	月	日
接受体验的中小学意见:							
学校(签章)		原班主任(签名):			年	月	日
班主任体验工作的简要记载							
序号	时间	体验主题			主要活动记载		
1							
2							
3							
4							
5							
6							
7							
8							

(续表)

提交考核的材料目录：	原班主任鉴定意见：
	原班主任(签名)：　　年　月　日
二级学院考核意见及结果：	
考核小组负责人(签名)：　　　　　　　　年　月　日	

(教务处编制)

09　教学论文考核大纲

教学论文包括在学科教学中如何应用先进的教育理念、教学方法、教学手段的感受、体验和反思等。

一、论文选题

1. 某个概念、原理、定律、某个知识点传授及新课导入的情境创设问题。
2. 某个教学内容的加工、教学方法或教学处理。
3. 某个教学内容的教学过程中学习方式的改进。
4. 反映某个教学内容的探究,教学方法的选择及有效应用。
5. 某个教学内容中运用互动式、对话式等教学方法来释疑解惑的精彩设计。
6. 教学目标的预设、教学过程的预设和教学过程中生成矛盾的解决方法。
7. 学科中主体参与方法和途径的探索。
8. 某个知识点或一个章节、一节课、一个单元、一个实验、一个调查、一个探究教学的精彩回放和点评。
9. 自主、合作、探究学习方式与传统学习方式比较研究中所产生的经验、所引发的思考等。
10. 结合学习的实际情况,实施综合实践活动课程的具体做法。

11. 关于有效教学活动方面的经验总结与教后反思等。

二、论文撰写要求

1. 论文的思想性强、观点新,研究方法科学,研究态度严谨,研究结果真实可信,具有启发性,有自己独到的见解。选题与教学实际紧密结合,有较强的针对性和现实性。

2. 在教学工作的某一方面或某一问题上,有较深入的研究和探讨,对解决教学工作中的问题有较大的启发,有较大的应用价值和推广价值。可以围绕教学领域中的袖珍问题、教学过程中的细节问题来展开,结合自己的教学实践,边学边研、边研边学,从小问题中发现大学问,达到研学促教促学的目的。

3. 论文必须是作者独立完成、尚未发表和未参加过任何评比的文章,论文对某一问题论述应有一定的深度,切忌选题过大,泛泛而谈。篇幅不宜过短也不宜过长,论文字数一般为 1 000~4 000 字为宜。

4. 论文格式要规范,结构要严谨合理,条理清楚,层次分明,语言精练、流畅,可读性强。提交的论文使用 A4 纸打印或用稿纸书写。

三、论文基本格式

1. 题目。应以恰当、简明的词语反映论文中最重要的特定内容,一般不超过 20 个字。

2. 作者姓名及所在学院、班级,指导教师姓名。

3. 摘要。摘要应阐述论文的主要观点,说明论文的目的、研究方法、成果和结论等,作用是不阅读论文全文即能获得必要的信息,字数一般不超过论文字数的 5%。

4. 关键词。关键词是用以表示论文主旨的关键性单词或术语,可以从论文标题中摘取,以 3 至 5 个为宜。

5. 引言。引言一般包括研究现状、目标、意义、背景及论文所要解决的问题和实用价值。

6. 正文。正文是论文的主体,论文所体现的研究结果,都将在这部分得到充分反映。因此要求正文内容充实,论据充分可靠,论证有力,主题明确。为了做到层次分明、脉络清晰,常常将正文分成几大部分,即逻辑段,一个逻辑段可包含几个自然段。每一逻辑段落可冠以适当标题(分标题或小标题)。

7. 结论。结论要求明确、精炼、完整,应阐明自己的研究结果和意义。

8. 参考文献。

四、成绩评定

1. 评分从以上三方面进行考虑。其中,论文选题占 30%,论文质量占 40%,论文格式占 30%,满分 100 分。

2. 根据《上饶师范学院关于师范生教师基本技能培训测试和成绩登记的实施细则》,师范生教学论文考核的成绩分优秀、良好、中等、合格和不合格,其中,同批次的不合格比例不低于 30%(实行末尾淘汰制),优秀、良好、中等和合格的比例分别为 20%、20%、20%和 10%。技能测试评审组由三位评委组成。根据三位评委评定的成绩加和,由高分到低分按照上述比例确定同批次的成绩等级。

3. 对学生所提交的论文,由二级学院先进行查重,发现剽窃、抄袭者,不进入评审考核阶段,并将予以通报批评。

(教务处编制)

10 音乐舞蹈特长测试大纲

一、测试方式

本测试以面试为主要测试方式。

二、测试内容和范围

(一) 测试内容

1. 简谱视唱

(1) 任意抽取一条简谱视唱曲,准备 2 分钟,直接视唱。

(2) 任意抽取一条简谱节奏,直接视唱。

2. 专业展示　声乐、乐器、成品舞(任选一项)。

(二) 测试范围

1. 简谱视唱

(1) 常见节拍:2/4;3/4;4/4;3/8;6/8。

(2) 常见节奏型:X;X-;X--;X---;X̲;X̲ X̲;X̲ X̲ X̲;X̲ X̲ X̲;X̲ X̲ X̲ X̲等。

(3) 常见音程:大、小二度;大、小三度;纯四度;纯五度;增四度;减五度;大、小六度;大、小七度;纯八度。

2. 专业展示

(1) 声乐类:可以任选民族唱法、美声唱法(不含通俗唱法)。

(2) 器乐类:可以选择民族乐器或西洋乐器(不含口琴、吉他、架子鼓)。

(3) 舞蹈类：可以选择民族舞、古典舞、芭蕾等(不含交谊舞、体育舞蹈)。

三、分值安排及评分标准

1. 简谱视唱　采取抽签形式抽取一条视唱,总分20分,从节奏、音准等方面进行评判,每出现一处失误扣1分,直至扣完20分为止。

2. 简谱节奏视唱　采取抽签形式抽取一条节奏,总分20分,要求能准确把握速度、节奏型、节拍强弱、全音符、二分音符、四分音符、八分音符、十六分音符等音符的相对时值,每一个失误扣除1分,直至扣完为止。

3. 专业展示　总分60分,展示时间不超过5分钟,评委根据技能技巧、艺术表现等方面综合评判:

技能技巧好,且有较好的艺术表现(45～60分);

技能技巧一般,但有较好的艺术表现(40～45分);

技能技巧和艺术表现一般(30～40分);

技能技巧和艺术表现较差(10～30分)。

四、成绩评定

根据《上饶师范学院关于师范生教师基本技能培训测试和成绩登记的实施细则》,音乐舞蹈特长测试的成绩分优秀、良好、中等、合格和不合格,其中,同批次的不合格比例不低于30%(实行末尾淘汰制),优秀、良好、中等和合格的比例分别为20%、20%、20%和10%。技能测试评审组由三位评委组成。根据三位评委评定的成绩加和,由高分到低分按照上述比例确定同批次的成绩等级。

(音乐舞蹈学院编制)

11　美术特长测试大纲

美术特长测试旨在测查应试人具有的基本空间认知能力和最基本的线条造型能力。测试以笔试方式进行。

本大纲规定测试内容和评分标准。

一、测试内容和范围

美术特长测试的内容为画一张风景图片速写,要求以速写或速写加淡彩的方式进行,风景图片内容范围主要以丛树、房子和远山、植物等元素构成,主要测试师范生基本的画面构图能力、造型能力。

二、试卷构成与评分标准

（一）构图能力(30分)

1. 目的

测试应试人的画面整体控制及空间认知能力。

2. 要求

画面完整,构成画面的内容和主要物象的位置布局合理,画面构成相对和谐,并有基本的透视关系和空间关系,主体物象突出,有一定的虚实关系。

3. 评分标准

画面完整,构图饱满,整体画面效果能做到变化统一。

优秀 27～30 分,良好 24～26 分,中等 21～23 分,合格 18～20 分,不合格 15～17 分。

(二) 造型能力(30 分)

1. 目的

测试应试人基本的物象再现能力,以线为主的表现手法运用能力,基本的透视知识运用能力以及线面语言的相互融合运用能力。

2. 要求

(1) 有以线为主的造型方法表现提供图片的物象,且大形体、大结构基本表现到位。

(2) 有线、面结合表现图片中物象的表现手法语言呈现。

(3) 比例关系基本准确,有一定的物象造型能力和空间表现意识。

3. 评分标准

用线、面或线面结合表现物象结构关系到位,有一定的比例关系、透视和空间关系,对图片中的物象表现有基本的概括处理和平衡画面轻重能力。

优秀 27～30 分,良好 24～26 分,中等 21～23 分,合格 18～20 分,不合格 15～17 分。

(三) 笔线语言表现能力(40 分)

1. 目的

测查应试人笔线、面表现的综合运用和轻重节奏变化统一能力。

2. 要求

(1) 用笔表现语言的程式和表现手法要协调统一。

(2) 有基本的黑、白、灰大关系呈现,且在面积对比,点、线、面综合运用上做到基本的变化和统一。

（3）至少应有部分的线、面融合表现手法的运用、大量的线条穿插关系和表现语言疏密关系的运用。

（4）用笔结构和用笔关系两大要素做到相应程度的变化和统一。

3. 评分标准

笔线语言表现手法娴熟,点、线、面关系能做到相互融合、变化统一,画面造型结构有一定的纵横关系、穿插关系、疏密关系,黑、白、灰关系及面积对比能相对协调统一。

优秀 36～40 分,良好 32～35 分,中等 28～31 分,合格 24～27 分,不合格 20～23 分。

三、成绩评定

依据上述评分标准,根据《上饶师范学院关于师范生教师基本技能培训测试和成绩登记的实施细则》,美术特长测试的成绩分优秀、良好、中等、合格和不合格,其中,同批次的不合格比例不低于 30%(实行末尾淘汰制),优秀、良好、中等和合格的比例分别为 20%、20%、20%和 10%。技能测试评审组由三位评委组成。根据三位评委评定的成绩加和,由高分到低分按照上述比例确定同批次的成绩等级。

（美术与设计学院编制）

师范技能测试合格登记簿

(教育实习资格准入证)

|贴照片处|

学生姓名：_____

所在学院：_____

年级班级：_____

修读专业：_____

学　　号：_____

目 录

1. 钢笔字、粉笔字、毛笔字(必修) ……………………… 205
2. 普通话(必修) ……………………………………………… 206
3. 简笔画(必修) ……………………………………………… 207
4. 现代教育技术(必修) ……………………………………… 208
5. 教学设计(必修) …………………………………………… 209
6. 说课(选修) ………………………………………………… 210
7. 演讲能力(选修) …………………………………………… 211
8. 班主任工作体验(选修) …………………………………… 212
9. 教学论文写作(选修) ……………………………………… 213
10. 音乐舞蹈特长(选修) …………………………………… 214
11. 美术特长(选修) ………………………………………… 215
 实习资格核实……………………………………………… 216

1. 钢笔字、粉笔字、毛笔字(必修)

通过文号：_____

成绩等级：_____

测试时间：_____

承办学院：_____

登记人(签章)：_____

登记部门(印章)：_____

登记时间：_____

2. 普通话(必修)

证书编号：① _____ / ② _____ / ③ _____

成绩等级：① _____ / ② _____ / ③ _____

测试时间：① _____ / ② _____ / ③ _____

发证部门：___江西省语言文字工作委员会___

登记人(签章)：_____

登记部门(印章)：_____

登记时间：① _____ / ② _____ / ③ _____

3. 简笔画(必修)

通过文号：_____

成绩等级：_____

测试时间：_____

承办学院：_____

登记人(签章)：_____

登记部门(印章)：_____

登记时间：_____

4. 现代教育技术(必修)

通过文号：_____

成绩等级：_____

测试时间：_____

承办学院：_____

登记人(签章)：_____

登记部门(印章)：_____

登记时间：_____

5. 教学设计（必修）

通过文号：_____

成绩等级：_____

测试时间：_____

承办学院：_____

登记人(签章)：_____

登记部门(印章)：_____

登记时间：_____

6. 说课(选修)

通过文号：＿＿＿＿＿＿＿＿＿＿＿＿＿

成绩等级：＿＿＿＿＿＿＿＿＿＿＿＿＿

测试时间：＿＿＿＿＿＿＿＿＿＿＿＿＿

承办学院：＿＿＿＿＿＿＿＿＿＿＿＿＿

登记人(签章)：＿＿＿＿＿＿＿＿＿＿＿＿＿

登记部门(印章)：＿＿＿＿＿＿＿＿＿＿＿＿＿

登记时间：＿＿＿＿＿＿＿＿＿＿＿＿＿

7. 演讲能力(选修)

通过文号:＿＿＿＿＿＿＿＿＿＿＿＿＿＿

成绩等级:＿＿＿＿＿＿＿＿＿＿＿＿＿＿

测试时间:＿＿＿＿＿＿＿＿＿＿＿＿＿＿

承办学院:＿＿＿＿＿＿＿＿＿＿＿＿＿＿

登记人(签章):＿＿＿＿＿＿＿＿＿＿＿＿

登记部门(印章):＿＿＿＿＿＿＿＿＿＿＿

登记时间:＿＿＿＿＿＿＿＿＿＿＿＿＿＿

8. 班主任工作体验(选修)

通过文号：_____

成绩等级：_____

测试时间：_____

承办学院：_____

登记人(签章)：_____

登记部门(印章)：_____

登记时间：_____

9. 教学论文写作(选修)

通过文号: _____

成绩等级: _____

测试时间: _____

承办学院: _____

登记人(签章): _____

登记部门(印章): _____

登记时间: _____

10. 音乐舞蹈特长（选修）

通过文号：＿＿＿＿＿＿＿＿＿＿＿＿＿＿

成绩等级：＿＿＿＿＿＿＿＿＿＿＿＿＿＿

测试时间：＿＿＿＿＿＿＿＿＿＿＿＿＿＿

承办学院：＿＿＿＿＿＿＿＿＿＿＿＿＿＿

登记人(签章)：＿＿＿＿＿＿＿＿＿＿＿＿

登记部门(印章)：＿＿＿＿＿＿＿＿＿＿＿

登记时间：＿＿＿＿＿＿＿＿＿＿＿＿＿＿

11. 美术特长(选修)

通过文号：_____

成绩等级：_____

测试时间：_____

承办学院：_____

登记人(签章)：_____

登记部门(印章)：_____

登记时间：_____

实习资格核实

　　经核实，_____同学已经通过五项必修的教师基本功测试，____项选修的教师基本功测试，具备教育实习资格。

　　　　　　　　　　　　　　　　　　上饶师范学院教务处(印章)
　　　　　　　　　　　　　　　　　　　20____年__月__日
核实人(签章)

图书在版编目(CIP)数据

教师基本技能测试大纲/郑大贵主编. —上海:复旦大学出版社,
2017.11(2021.1 重印)
弘教系列教材
ISBN 978-7-309-13318-9

Ⅰ. 教… Ⅱ. 郑… Ⅲ. 中小学-教师-资格考试-考试大纲　Ⅳ. G451.1-41

中国版本图书馆 CIP 数据核字(2017)第 253659 号

教师基本技能测试大纲
郑大贵　主编
责任编辑/郑越文

复旦大学出版社有限公司出版发行
上海市国权路 579 号　邮编:200433
网址:fupnet@ fudanpress.com　　http://www.fudanpress.com
门市零售:86-21-65102580　　团体订购:86-21-65104505
外埠邮购:86-21-65642846　　出版部电话:86-21-65642845
上海华教印务有限公司

开本 890×1240　1/32　印张 7　字数 154 千
2021 年 1 月第 1 版第 3 次印刷
印数 6 751—8 850

ISBN 978-7-309-13318-9/G·1774
定价:18.00 元

如有印装质量问题,请向复旦大学出版社有限公司出版部调换。
版权所有　　侵权必究